译文坐标

人类世的"资本论"

人新世の「資本論」

〔日〕
斋藤幸平
—
著

王盈
—
译

上海译文出版社

目 录

前言 "人民的鸦片"SDGs！.................1

第一章 气候变化与帝国式生活方式.................1

诺贝尔经济学奖之罪／不可逆点／日本的受损预测／大加速时代／在全球南方反复出现的人祸／基于牺牲的帝国式生活方式／让牺牲隐形的外部化社会／工人与地球环境都是榨取对象／被外部化的环境负担／否认加害者意识与拖延的报应／"荷兰谬论"——发达国家对地球友好？／耗尽外部的"人类世"／冷战结束后的浪费时间／马克思对于环境危机的预言／技术性转嫁——搅乱生态体系／空间性转嫁——外部化与生态帝国主义／时间性转嫁——"我死后哪怕洪水滔天！"／边缘地区的双重负担／地球毁灭于资本主义之前／危机原形毕露／大分岔时代

第二章 气候凯恩斯主义的局限性.................33

绿色新政是希望？／"绿色经济增长"中的商机／SDGs——

I

无限增长是否可能？／行星边界 ／能否边增长边减排？／什么是脱钩？ ／减少二氧化碳绝对排放量的必要性 ／经济增长的陷阱 ／生产力陷阱 ／脱钩乃幻觉 ／正在发生的是再挂钩 ／杰文斯悖论——效率提高增加环境负担 ／市场力量无法阻止气候变化 ／富人排放了大量二氧化碳 ／电动汽车的"真实成本" ／"人类世"生态帝国主义 ／技术乐观主义不是答案 ／从大气中清除二氧化碳的新技术？ ／IPCC的"智力游戏" ／"通往灭亡的道路都是由善意所铺就" ／去物质化社会的神话 ／气候变化可以被阻止吗？ ／"去增长"选项

第三章　直击资本主义制度下的去增长..................65

从经济增长到去增长 ／甜甜圈经济——社会基础和环境上限 ／纠正不公平现象需要什么？ ／经济增长和幸福度之间是否存在关联？ ／公平分配资源 ／资本主义不能实现全球公平 ／未来的四种选项 ／为什么在资本主义制度下无法实现去增长？ ／为什么贫困会持续存在？ ／日本的特殊情况 ／批判资本主义的Z世代 ／落伍的日本政治 ／老一代的去增长理论的局限性 ／日本的去增长乐观论 ／去增长新论的出发点 ／不可能有"去增长资本主义" ／"失去的30年"算去增长吗？ ／重新审视"去增长"的含义 ／自由、平等、公平的去增长理论！／马克思在"人类世"复活

第四章　"人类世"中的马克思..................93

马克思的回归 ／"共有财富"——第三条道路 ／把地球当作"共有财富"来管理 ／共产主义重建"共有财富" ／联合体创

造社会保障／MEGA——新的马恩全集出版项目／青年马克思是"生产力至上主义者"／未完成的《资本论》和马克思晚年的大转变／进步主义历史观的特点——"生产力至上主义"和"欧洲中心主义"／"生产力至上主义"问题／物质代谢概念的诞生——《资本论》的生态学理论转向／资本主义搅乱物质代谢／无法弥补的裂缝／《资本论》之后对生态研究的深化／与"生产力至上主义"的彻底诀别／走向实现可持续经济发展的"生态社会主义"／进步主义历史观的动摇／《资本论》中的欧洲中心主义／萨义德的批判——青年马克思的东方主义／对非西方的、前资本主义社会的关注／《给查苏利奇的复信》——与欧洲中心主义的诀别／俄语版《共产党宣言》中的证据／马克思的共产主义变了吗？／为什么《资本论》的写作延期了？／已崩溃的文明和幸存的共同体／邂逅共同体中的平等主义／新共产主义的基础——"可持续性"和"社会平等"／重新思考《给查苏利奇的复信》——基于生态学的视角／资本主义和生态学家的斗争／"一种新的合理性"——为了对土地的可持续管理／真正的理论大转变——共产主义的变化／走向去增长的马克思／"去增长共产主义"成就／去增长共产主义新武器／《哥达纲领批判》的新解读／继承马克思的遗言

第五章　逃避现实的加速主义 *142*

迈向"人类世"资本论／什么是加速主义？／将错就错的生态现代主义／哪个才是"民间政治"？／政治主义的代价——选举改变社会？通过公民大会更新民主制度／我们因"隶属"于资本而无能／从对资本的隶属到专制／技术和权力／安德列·高兹的技术理论／"封闭性技术"不适合全球危机／技术

夺走了想象力 ／思考另一种富裕

第六章　贫穷的资本主义，富裕的共产主义 *162*

资本主义生产贫穷 ／ "原始积累"增加人造稀缺性 ／公有地瓦解推动资本主义起飞 ／从作为"共有财富"的水到垄断性化石资本 ／共有物曾经很充足 ／私人财产正在减少公共财富 ／"价值"与"使用价值"的对立 ／不是"公有地悲剧"，而是"商品悲剧" ／不仅仅是新自由主义的问题 ／稀缺性和灾难资本主义 ／现代工人就是奴隶 ／债务的力量 ／品牌化和广告制造的相对稀缺性 ／只有共产主义才能夺回"共有财富" ／"共有财富"的"'市民'营化" ／工人合作社——使生产资料成为"共有财富" ／工人合作社的经济民主化 ／有别于 GDP 的"完全富裕" ／去增长共产主义创造繁荣经济 ／好的自由和坏的自由 ／自然科学没有告诉我们的东西 ／为了未来的自我克制

第七章　去增长共产主义拯救世界 *194*

新冠疫情也是"人类世"的产物 ／国家牺牲民主 ／商品化推动对国家的依赖 ／国家失灵之时 ／"价值"和"使用价值"的优先顺序 ／"是共产主义还是野蛮主义？" ／托马斯·皮凯蒂已"转向"社会主义 ／自治管理、共同管理的重要性 ／为了弥补物质代谢的裂缝 ／改造从劳动、生产领域开始 ／在底特律播下的一颗小种子 ／通过社会运动超越"帝国式生产方式" ／人类世的"资本论" ／去增长共产主义的支柱①：转向使用价值经济 ／去增长共产主义的支柱②：缩短劳动时间 ／去增长共产主义的支柱③：废除统一分工 ／去增长共产主义的支柱④：生产

过程的民主化／去增长共产主义的支柱⑤：强调基本工作／狗屁工作 vs. 基本工作／关爱阶层的反叛／自治管理的实践／去增长共产主义弥补物质代谢的裂缝／Buen Vivir（美好生活）

第八章　气候正义"杠杆" 229

透过马克思的"镜片"解读实践／不是回归自然，而是创造新的合理性／"无畏的城市"巴塞罗那的《气候紧急状态宣言》／诞生于社会运动的地区性政党／应对气候变化的横向团结／通过合作社建立参与型社会／走向实现气候正义的经济模式／市政自治主义——跨国地方自治主义／向全球南方学习／新启蒙运动无能为力／夺回粮食主权／从全球南方到世界／挑战帝国式生产方式／气候正义这一"杠杆"／巴塞罗那的目标是去增长／传统左派的问题／为了"完全富裕"／告别拖延政治／经济、政治和环境三位一体的改革／向公平的可持续社会的飞跃

结语　为了历史不终结 254

前　言
"人民的鸦片"SDGs！

　　为了应对地球温室效应，你总是在做着些什么吧？为了减少塑料袋的使用而买了环保袋？为了不买瓶装饮料而随身带着杯子？把车换成了混合动力的？

　　恕我直言，就那么点善意，根本于事无补。非但如此，那点善意甚至是有害的。

　　为什么这么说？因为让那些真正必要的、更为大胆的行动无法被付诸现实的正是认为这些行为足以应对地球温室效应的自以为是。消费行动是让你逃避良心的苛责、允许你将目光从现实危机移开的"免罪符"，让资本方假装爱护环境、欺骗世人的"洗绿"[1]套路轻轻松松把你套住。

　　那么，联合国所提倡的、各国政府和大企业都在推进的"SDGs"（Sustainable Development Goals，可持续发展目标）能否改变地球整体环境呢？不，也还是不行。光靠

---

[1] 原文为"greenwash"，由"whitewash"一词演变而来，含有"粉饰"之意。本书参考whitewash译词之一"洗白"，将greenwash译为"洗绿"。——译者

政府、企业描绘一些SDGs的行动指南，根本无法阻止气候变化。SDGs就像是用来创造不在场证明的东西一样，只会让世人的目光从眼下的真正危机移开。

马克思曾经批判"宗教"缓和资本主义的现实贫困所引起的苦恼，是"人民的鸦片"。而SDGs正是现代版的"人民的鸦片"！

我们无法依靠"鸦片"逃避、必须直面的现实是，我们人类极大地改变了地球，甚至使其不能复原。

正是因为人类的经济活动给地球造成了过大影响，诺贝尔化学奖得主保罗·克鲁岑（Paul Jozef Crutzen）提出，在地质学上，地球已经进入了新的年代，并将之命名为"人类世"（Anthropocene）[1]，意思是人类活动的痕迹完全覆盖整个地球表面的年代。

地球表面实际上充斥着高楼大厦、工厂道路、农田水坝等，海洋里则漂满了微塑料（microplastics）[2]。人造物大大改变着地球。其中尤为突出的一点是大气中二氧化碳的含量因人类活动而急速增加。

如您所知，二氧化碳是温室气体的一种。温室气体吸

---

[1] Anthropocene一词最早由诺贝尔化学奖得主、荷兰大气化学家保罗·克鲁岑于2000年提出。他认为，地球已告别1.17万年前开始的地质年代"全新世"，快速增长的人口和经济发展对全球环境造成巨大影响，人类活动对地球的改变足以开创一个新的地质年代。在2016年8月29日的第35届国际地质大会上正式通过"人类纪""人类世"和"人类期"的概念。由34名成员组成的人类世工作组（AWG）的大多数成员认为，20世纪中期是"人类世"的起点，当时迅速增长的人口加快了工业生产、农用化学品使用和其他人类活动的步伐。参考自中国自然资源部官网（https://www.cgs.gov.cn/xwl/kxjs/201906/t20190617_484443.html）。——译者

[2] 微塑料：一般指的是尺寸小于5毫米的塑料颗粒。——译者

收地球表面所放射出的热量，大气则随之升温。拜温室气体所赐，地球一直保持着人类可以生活的气温。

然而，工业革命之后人类开始大量使用煤炭、石油等化石燃料，排放出大量二氧化碳。在工业革命前，大气中的二氧化碳浓度为 280 ppm，到了 2016 年，就连南极的二氧化碳浓度都超过了 400 ppm。据说上一次达到这一浓度还是在 400 万年前。而且，这一浓度在你阅读当下的瞬间依然在攀升。

据说 400 万年前的"上新世"，平均气温比现在高 2 ℃到 3 ℃，南极、格陵兰岛的冰川处于融化状态，海平面最低也有 6 米高。更有研究认为当时最低的海平面也高达 10 米到 20 米。

"人类世"的气候变化也会让地球环境不断趋近于和当时相类似的状况吧。毫无疑问，人类所建立起来的文明正面临着关乎我们生死存亡的危机。

现代化带来的经济增长曾许诺会给我们带来富裕生活。然而讽刺的是，正是经济增长在不断摧毁人类繁荣的基础。而这一事实，透过"人类世"的环境危机日益明晰。

即便气候变化急速加剧，超富裕阶层或许还能维持眼下的奢侈生活。但是我们这些平民中的绝大多数却将失去现在的生活，不得不拼命寻找活下去的方法。

要避免这样的事态发生，就不能把危机都交给政治家、专家去处理。"托付他人"只会让超富裕阶层得到优待。为了有一个更加美好的未来，我们每一个公民都必须作为当事人站起来，发出声音，采取行动。话虽如此，胡乱发声，结果也只是浪费宝贵的时间。所以，最重要的是找准方向。

为了找到正确方向，就需要回溯造成气候危机的真正原因。而资本主义正是原因的关键所在。因为正是在工业革命之后，也就是在资本主义真正登场之后，才有了二氧化碳排放量的大幅增加。紧接着，出现了对资本进行彻底考察的思想家。那就是卡尔·马克思。

本书将不时参照马克思的《资本论》，对"人类世"的资本、社会、自然之间的关系进行分析。本书完全没有对迄今为止的马克思主义进行改写的念头，而是要"挖掘"已沉睡了近 150 年的、马克思思想的全新一面，并加以展开。

这本《人类世的"资本论"》又能否为在气候危机时代创建一个更好的社会而解放想象力呢？

第一章
气候变化与帝国式生活方式

诺贝尔经济学奖之罪

2018年度的诺贝尔经济学奖授予了耶鲁大学的威廉·诺德豪斯（William D.Nordhaus），而他的专业领域是气候变化经济学。对于正直面气候危机的现代社会而言，他这样的人能获得诺贝尔奖或许是件好事。然而，却有一部分环保运动家对这一奖项归属做出了严厉的批评。[1]这又是为何？

被拿来批判的是诺德豪斯发表于1991年的论文。这篇论文是此后包括为其带来诺贝尔奖在内的所有相关研究的开始。[2]

---

[1] Jason Hickel, "The Nobel Prize for Climate Catastrophe", *Foreign Policy*: https://foreignpolicy.com/2018/12/06/the-nobelprize-for-climate-catastrophe/ (last access on 2020.5.15).
[2] William D. Nordhaus, "To Slow or Not to Slow: The Economics of The Greenhouse Effect", *The Economic Journal* 101, no. 407 (1991): 920—937.

说起1991年,那正是冷战刚结束、全球化带动二氧化碳排放量激增的前夜。诺德豪斯迅速将气候变化问题纳入经济学的研究范围内,然后给出了非常经济学的解答。他提倡引入碳排放税、建构模型来决定最合适的二氧化碳削减率。

问题恰恰就在于其所导出的最优解。如果设定的减排目标过高,会影响经济增长。所以他说最重要的是"平衡"[1]。但是,诺德豪斯所设定的"平衡"又过于偏向经济增长。

按照诺德豪斯的说法,与其过度紧张气候变化,还不如维持今天这样的经济增长。世界因经济增长而富裕,富裕则催生新的技术。所以,维持经济增长,我们的后代就能利用更高超的技术来应对气候变化。他认为有了经济增长与新技术,也就不需要把与现在同等水平的自然环境留给后代。

但是按照他所提倡的二氧化碳削减率,到2100年为止,地球的平均温度会上升3.5 ℃。这也意味着在面对自然气候变化时不采取任何实际措施,才是经济学上的最优解。

2016年年末生效的《巴黎协定》所设定的目标则是到2100年,将全球气温上升幅度控制在较工业革命前水平的2 ℃以内(有可能的话控制在1.5 ℃内)。

但现在已经有很多科学家在不断警告说,连这个2 ℃

---

[1] 威廉·诺德豪斯:《气候赌场:从经济学看全球变暖问题的最优解》,藤崎香里译,日经BP社,2015年,第97页。从本书的讨论中可以看出,诺德豪斯后来对温度上升的限制又收紧了一些,但仍然设定了2 ℃到3 ℃的目标,与1.5 ℃到2 ℃的总路线相去甚远。他甚至说,2 ℃的目标"不是很科学"(第252页)。

的目标都岌岌可危。然而，按照诺德豪斯的模型，温度会升高3.5 ℃。

气温如果上升3.5 ℃，自然会给非洲、亚洲等地区的发展中国家带来毁灭性损害。然而，他们对于全世界总体GDP（国内生产总值）的贡献不大。倒是农业可能遭到严重破坏。但是，农业也不过就占据世界GDP的"区区"4%。区区4%，不足为虑。即便给非洲、亚洲的人们造成灾害，也不要紧。这就是诺贝尔经济学获奖研究的真实内涵。

都能拿到诺贝尔奖，诺德豪斯在环境经济学界的影响力自然大得出奇。环境经济学所强调的是自然的局限性、资源的稀缺性。经济学所擅长的是在稀缺性与局限性下计算最佳分配。这样计算出来的最优解，当然是让自然与社会"双赢"的解决方案。

所以，诺德豪斯的解决方案很容易让人接受。而它作为经济学家们在国际组织中昭显自身存在感的策略，无疑也是有效的。可代价却是行动迟缓、等于无所作为的气候变化对策被合法化了。

诺德豪斯的想法对《巴黎协定》自然也有影响。之前提过《巴黎协定》的目标是将全球气温上升控制在2 ℃之内。但这不过是口头承诺，而且，已有声音指出哪怕各国实际上都遵守了《巴黎协定》，气温也将上升3.3 ℃。[1] 这

---

[1] Nina Chestney, "Climate policies put world on track for 3.3C warming: study", Reuters: https://www.reuters.com/article/us-climate-changeaccord-warming/climate-policies-put-world-on-track-for-3-3cwarming-study-idUSKBN1OA0Z2 (last access on 2020.5.15).

与诺德豪斯的模型所提示的数字极为接近。显然各国政府优先考虑的也是经济增长，问题就以后再说。

所以真没什么可奇怪的。SDGs 这样的对策频频出现在媒体上，可世界二氧化碳排放量却每年都在持续增加。问题的本质被搅得含糊不清，"人类世"的气候危机则在不断加深。

不可逆点

有一点要先明确一下。气候危机可不会从 2050 年左右才开始徐徐展开。危机早就开始了。

事实上每年世界各地都在发生所谓"百年一遇"的异常气候。发生不可逆转的急剧变化、无法回到过往状态的不可逆点（point of no return）正在日益临近。

比如 2020 年 6 月，西伯利亚的气温高达 38 ℃。这有可能是北极圈历史上的最高气温。要是永久冻土融化了的话，就会排放出大量沼气，气候变化则会进一步加剧。不仅如此，恐怕还会造成水银流出，释放出炭疽菌等细菌、病毒。北极熊则将无处可去。

危机的恶化是综合性的。当"定时炸弹"被点燃时，就像推倒多米诺牌似的，危机会引发一连串的连锁反应。而到那时人类已无力解决。

因此，为了避免这一下场，科学家们要求在 2100 年前将平均气温的上升幅度控制在较工业革命前水平的 1.5 ℃以内。

在已经升高 1 ℃的情况下，要控制在 1.5 ℃以内，就必须立刻开始行动。具体而言，就是必须在2030年前将二氧化碳排放量减半，2050年前实现零排放。

另一方面，如果目前的排放水平持续下去，恐怕到2030年时就将超过1.5 ℃的升温线，2100年时有可能升温4 ℃左右。

日本的受损预测

这种急剧升温一直持续的话，日本也不可能幸免。升温2 ℃，珊瑚就会死绝，渔业将遭受重创。夏日的热浪也会极大地影响农作物的收成。而每年夏天肆虐各地的台风更会变本加厉。

暴雨灾害会越发严重。2018年的西日本大暴雨所造成的损失总额高达1万2000亿日元。此等规模的暴雨已是每年必到，且几率还在提高。

南极等地冰川融化引起的海平面上升更将给这个岛国带来严重危机。据说气温升高4 ℃，就会造成毁灭性损害。东京的江东区、墨田区、江户川区等地的多数地区会在涨潮时出现内涝。[1] 而大阪的淀川流域将有很大一部分会发生内涝。有预测称以沿岸地区为中心，日本全国将有1000万人受到影响。[2]

---

[1] Climate Central, "Surging Seas, Sea Level Analysis": https://sealevel.climatecentral.org/maps/(last access on 2020.5.15).

[2] Climate Central, "New Report and Maps: Rising Seas Threaten Land Home to Half a Billion": https://sealevel.climatecentral.org/news/global-mapping-choices (last access on 2020.6.30).

就全球而言，将有数以亿计的人不得不从现在的居住地迁走。人类所必需的粮食供给将难以为继。经济损失巨大，有估算称一年损失高达27万亿美元，而这样的受损状况将会永久持续下去。

大加速时代

当然，日本人对于气候变化也负有很大的责任，因为日本的二氧化碳排放量位居世界第五。光是包括日本在内的前五位国家，就排放了世界二氧化碳总排放量的近60%（图1）。

考虑到气候变化对未来人类的巨大影响，我们这一代人就不能漠不关心。就在现在，必须明确提出要求，引发"大变革"。而本书最终试图提出的"大变革"，正是对资本主义体系本身的挑战。

但是，在贸然提出那些看似毫无现实性的要求之前，我们有必要先好好思考一下以气候危机形式显现的环境危机，它的形成原因究竟在哪里。

这里我想参考的是澳大利亚国立大学气候变化研究所的威尔·斯特芬（Will Steffen）等人的研究。他们指出，工业革命以来的人类经济活动无疑增加了环境负担。人口和能源消耗不断增加，大气中的二氧化碳浓度直线上升，热带雨林明显消失。尤其是在第二次世界大战后，因人类活动及随之而来的环境负担的急剧增加，而被称为"大加速时代"（Great Acceleration）。这一加速在冷战结束后更进

图1 不同国家二氧化碳排放量占比（2017）

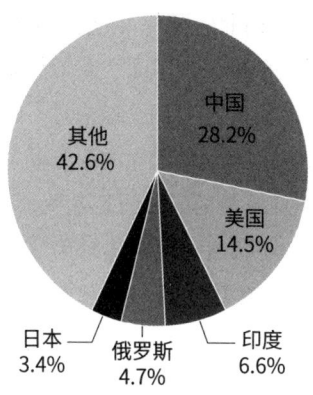

根据日本能源经济研究所计量分析小组编《EDMC/能源·经济统计要览（2020版）》（节能中心，2020）绘制。

一步。这样的时代是不可能持续的。"人类世"似乎正在走向毁灭。[1]

但是为什么会发生这样的事？要搞清缘由，我们必须先深入了解资本主义全球化与环境危机之间的关系。这就是第一章的课题。

在全球南方反复出现的人祸

分析"人类世"的资本主义与环境危机之间的关系之时，让我们先把目光转向全球南方。全球南方是指因全球

---

[1] Will Steffen et al., "The trajectory of the Anthropocene: The Great Acceleration", *The Anthropocene Review, 2*, no.1, 2015.

化而受害的地区以及那些地区的居民。过去将全球南方所内含的问题称为"南北问题"。但是,随着新兴国家的崛起、发达国家移民的增加,"南北"差距与地理位置的必然性逐渐消失。因此,本书拟用全球南方一词。

回顾包括原来的南北问题在内的资本主义历史,就能看到发达国家生活富裕的另一面是各种悲剧的不断上演。可以说资本主义矛盾集中体现在全球南方之中。

近些年来重大事故层出不穷。比如英国 BP 公司造成的墨西哥湾原油泄漏、跨国农业公司的乱开发引起的亚马孙热带雨林火灾、三井商船行驶中的货轮在毛里求斯近海泄漏燃油等等。

这些事故造成的损失规模巨大。如2019年巴西布鲁马迪纽市发生的尾矿坑溃坝事故,遇难者超过 250 人。这一矿坑属于世界三大资源巨头之一的巴西淡水河谷公司,用于存储铁矿石的尾矿(在矿石筛选时产生的水与矿物混合而成的泥浆状废弃物)。

2015 年时,在淡水河谷公司的其他尾矿也发生过同样的溃坝事故。这次仍是由管理不善所引起,数百吨泥浆迅速吞没了附近的村庄。尾矿内废料倾巢而出,塞满了周围,不仅造成河流污染,也严重危害到了当地生态系统。

这些事故只是"不幸"的结果吗?显然不是。专家、工人、居民都在不断指出事故的危险性,然而国家、政府优先考虑的是削减成本,随之任之却不去采取有效的措施。这些都是理应发生且最终应验的"人祸"。

话虽如此,这些事故远在墨西哥、巴西,或许难以引起日本人的关心。也有读者会认为这跟自己毫无关联。但是，毫无疑问，我们日本人也助长了这类"人祸"。

汽车用的铁、汽油、西装用的棉花、牛肉盖浇饭上的牛肉，这些可都是从"远"处运来日本的。我们富裕的生活可离不开对全球南方劳动力的榨取和对自然资源的掠夺。

基于牺牲的帝国式生活方式

德国社会学者乌尔里希·布兰德（Ulrich Brand）和马尔库斯·威森（Markus Wissen）认为发达国家的生活方式建立在对全球南方的资源、能源等进行掠夺的基础之上，将之称为"帝国式生活方式"（imperiale Lebensweise）。

简单来说，帝国式生活方式就是指全球北方社会的大规模生产、大规模消费。对于生活在发达国家的我们而言，帝国式生活方式带来了富裕的生活，因此是理想的、有吸引力的，被广为接受。但是，我们富裕生活的内里，却是一种我们掠夺全球南方地区、社会群体，不断迫使他们为我们的富裕生活买单的结构。

如果不进行这样的掠夺与转嫁成本，帝国式生活方式就不可持续，这就是问题所在。全球南方人群的生活条件日益恶化，这是资本主义的前提条件。南北之间的支配和从属关系并不是例外，而是常态。[1]

---

[1] Ulrich Brand and Markus Wissen, *Imperiale Lebensweise: Zur Ausbeutung von Mensch und Natur im Globalen Kapitalismus* (Munich: oekom, 2017), 64—65.

举个例子。我们生活中早已习以为常的快速消费类服装,是由孟加拉国的工人们在恶劣条件下生产的。2013年五家制衣厂所在的"拉纳广场"(Rana Plaza)大厦倒塌,夺去了上千条人命。这一事故很有名。

而孟加拉国所生产的衣物,其原料棉花则是由贫穷的印度农民在40 ℃的酷暑中种植的。[1]为满足时尚业不断扩大的需求,那里大规模引入了转基因棉花,结果农民们失去了自家采摘棉花的种子,只能每年购入转基因品种的种子、化肥与除草剂。要是遇上干旱、高温没了收成,不少身背外债的农民无奈之下就只能自杀。

这样的悲剧源自全球南方依附于帝国式生活方式所形成的生产与消费,因为全球资本主义的结构性原因,它们不得不依附于这样的常态。

前文所提到的巴西人肯定也知道布鲁马迪纽市尾矿坑大坝存在危险,因为曾发生过同样的事故。然而即便如此,他们仍被迫继续挖掘。在那里工作的工人们为了自己的生活,只能在矿场劳作,在附近居住。

在孟加拉国的拉纳广场发生事故的前一天,制衣厂的员工们已经注意到了墙壁、立柱的异常,但这些声音被无视了。印度人也是明白除草剂对身体、对自然是有害的,但因为时尚产业市场的不断扩容,他们还是被迫继续生产以满足全世界的需求。

付出的牺牲越大,大企业的利润越高。这就是资本的逻辑。

---

[1] 电影《真实的代价》(*The True Cost*)对相关问题有很好的介绍。

让牺牲隐形的外部化社会

这些逆耳之言至今不知被提过多少次。而我们呢,就捐捐钱,然后迅速将其遗忘。为什么能快速忘记它们呢?因为这些事件在日常生活中被隐形了。

慕尼黑大学的社会学者斯蒂芬·莱森尼希(Stephan Lessenich)曾指出,发达国家社会的"富裕"所必需的是将如此这般的各种负担转嫁远方并使之隐形。他将这样的社会称为"外部化社会"(Externalization Society),并对之提出了批评。

发达国家以牺牲全球南方的代价来享受"富裕"生活。莱森尼希更判定它们"不仅仅是今天,连明天、未来"也都要维持这样的特权地位。"外部化社会"不断创造出外部性,以转嫁各种负担。唯有如此,我们的社会才能繁荣。[1]

工人与地球环境都是榨取对象

对于发达国家的资本主义与全球南方的牺牲之间的关系,我用最负盛名的伊曼纽尔·沃勒斯坦(Immanuel Maurice Wallerstein)的"世界体系"理论来简单概括一下。

在沃勒斯坦看来,资本主义是由"中心"与"边缘"所构成的。从全球南方这一边缘地区榨取廉价劳动力,低价购买其产品,中心地区由此获得了更大的利润。劳动力

---

[1] Stephan Lessenich, *Neben uns die Sintflut: Wie wir auf Kosten anderer leben* (Munich: Piper, 2018), 166.

的"不平等交换"造成发达国家的"发展过度"与边缘国家的"发展不足"。

但是,资本主义全球化已经波及了地球的各个角落,使得新的掠夺对象即"前沿地带"(frontier)随之消失。这种获取利润的方式到达了极限。利润率下降,导致资本积累与经济增长变得困难,更出现了"资本主义的终结"的说法。[1]

不过,本章想指出一个更为前卫的问题。沃勒斯坦主要关注的被榨取对象是人类劳动力,但这只是资本主义的一个侧面。

地球环境则是另一个根本性侧面。资本主义所掠夺的对象不仅是边缘地区的劳动力,更是整个地球环境。经由与发达国家的"不平等交换",全球南方也被掠夺了资源、能源、粮食等。资本主义把人当作资本积累的工具,也将自然视为单纯的掠夺对象。这是本书的基本观点之一。[2]

这样的社会体系如果以无限的经济增长为目标,那么

---

[1] 水野和夫:《资本主义的终结与历史的危机》,集英社新书,2004年。
[2] 当然,受沃勒斯坦的影响,各种评论家都分析了对自然的掠夺问题,其中之一是斯蒂芬·邦克(Stephen G. Bunker)关于巴西亚马孙问题的经典作品:Stephen G. Bunker, "Modes of Extraction, Unequal Exchange, and the Progressive Underdevelopment of an Extreme Periphery: The Brazilian Amazon, 1600—1980", *American Journal of Sociology* 89, no.5 (1984): 1017—1064。这种研究路径后来被发展成"生态的不平等交换"(ecologically unequal exchange)。代表性研究有 Alf Hornborg, "Towards an ecological theory of unequal exchange: Articulating world system theory and ecological economics", *Ecological Economics* 25, no.1 (1998): 127—136; Andrew K. Jorgenson & James Rice, "Structural Dynamics of International Trade and Material Consumption: A Cross-National Study of the Ecological Footprints of Less-Developed Countries", *Journal of World-Systems Research* 11, no.1 (2005): 57—77。

理所当然，地球环境最终将陷入危机之中。

被外部化的环境负担

简单来说，通过扩展沃勒斯坦的理论我们可以得出一个结论，那就是中心地区从边缘地区掠夺资源，同时又将经济发展背后隐藏的成本与负担等转嫁给了边缘地区。

以日本人饮食生活中的隐形主角棕榈油为例。棕榈油不仅价格低廉，而且难以氧化，所以常被用于加工食品以及点心、快餐等。

棕榈油产自印度尼西亚、马来西亚等地。棕榈油提取自油棕，进入本世纪后，油棕的种植面积已经翻了一番，而对于热带雨林的胡乱开发加速了对森林的破坏。

棕榈油生产的扩大，带来的可不仅仅是对热带雨林生态系统的破坏。大规模开发给依赖热带雨林自然资源生存的人们带来了破坏性影响。比如把热带雨林开垦为农庄，结果导致土地被侵占，肥料、农药被排入河流之中，河鱼减少。原本依靠河鱼获取蛋白质的当地人无法维持原有的生活模式，而且相较过去，金钱变得更为必要，这就导致他们最终把手伸向了猩猩、老虎等濒临灭绝的物种，通过非法捕猎来换取金钱。

因此，中心地区廉价、便利生活的背后，不仅是对边缘地区劳动力的榨取，更是对资源的掠夺以及对随之而来的环境负担的转嫁。

所以，环境危机所造成的损失并非平均分摊到地球上的每个人身上。与粮食、能源以及原料的生产、消费相关的环境负担也被不平等地分配了。

按照莱森尼希用"外部化社会"一词来谴责发达国家的说法，我们富裕社会的前提条件就是把负担转嫁给"远方某处"的人与自然环境，又不去支付实际费用。

否认加害者意识与拖延的报应

通过我们的日常生活，这种帝国式生活方式不断得到再生产。另一方面，因其暴力性发生在遥远的地方，对我们来说它又是持续隐形的。

在知晓环境危机这个词后，我们开始"购买"环保袋，就像给自己买个免罪符似的。于是连环保袋都开始不断上新款。被广告一刺激，买了又买。免罪符带来了自我满足，渐渐不去关心那些在远处制造环保袋的人与自然所承受的暴力。就这样，我们一步步走入了资本的"洗绿"陷阱之中。

发达国家的人们可不单单是被迫对"转嫁""无知"。他们事实上是认可这种让自身生活富裕的帝国式生活方式，视之为理想的结果，并积极地将这一逻辑内化的。从"不知道"到"不想知道"，人们渴望无知，拒绝正视真相。

然而，我们在心底某处仍然意识到了我们的一切美好是拜别人的不幸所赐。

正如当代德国的代表性哲学家马库斯·加布里埃尔

(Markus Gabriel)[1]所论述的那般，只要不公平"与自己无关，（中略）便视若无睹"。因为无法面对，所以"明知道我们自己就是引起那些不公平的原因所在，却暗地里希望现有秩序可以维持下去"。[2]

于是帝国式生活方式更加固若金汤，对危机的应对被拖延给了未来。我们每个人都给这一不公平出了份力。而报应最终化作气候危机，悄然向中心地区袭来。

"荷兰谬论"——发达国家对地球友好？

上述说法也不是什么新鲜事。早在 20 世纪七八十年代，在对公害问题、南北问题展开热烈探讨时，已经有了类似讨论。

"荷兰谬论"（Netherlands Fallacy）就是其中一例。

荷兰这样的发达国家，其生活给地球造成了巨大负担。即便如此，这些国家的大气污染、水污染程度却相对较低。发展中国家与低污染度的发达国家形成了鲜明对比。哪怕发展中国家的人们生活得小心谨慎，却仍旧饱受大气污染、水污染、垃圾处理等环境问题的折磨。

为什么会发生这种看似矛盾的现象？其中的一个解释是这是技术进步的结果。经济增长带来技术进步，使得削

---

[1] 马库斯·加布里埃尔出生于1980年，是德国历史上最年轻的哲学教授。——译者
[2] 马库斯·加布里埃尔、迈克尔·哈特（Michael Hart）、保罗·曼森（Paul Mason）、斋藤幸平：《资本主义的末日还是人类的末日？——走向未来的大分岔》，集英社新书，2009 年，第 156—157 页。

减、去除引起公害问题的污染物成为可能。

但是发达国家所吹捧的所谓在减轻环境污染的同时实现经济增长就是个"谬论"。发达国家所实现的环境改善，靠的可不光光是技术进步，也是把不少与经济发展必然相伴的负面效应，如资源开采、垃圾处理等，强行推给了全球南方这一外部的结果。[1]

"荷兰谬论"指的就是发达国家这种无视国际转嫁，认为依靠经济增长与技术开发就解决了环境问题的臆想。

耗尽外部的"人类世"

但是，人类的经济活动覆盖整个地球的"人类世"可以说就是把为掠夺与转嫁而存在的外部消耗殆尽的时代。

能挖尽挖，石油、土壤养分、稀土等，资本把一切可挖掘的都挖了出来。这种资源榨取主义（extractivism）给地球造成了巨大的负担。然而，正如资本为了获取利润，逐步消灭了"廉价劳动力"的前沿地带那般，外部这一为榨取与转嫁而存在的"廉价自然"也在日渐消失。

无论资本主义看上去运行得多好，但地球终究是有限的。在可外部化的空间消失后，资源榨取主义的扩张所带

---

[1] 保罗·埃尔利希（Paul Ehrlich）、安妮·埃尔利希（Anne Ehrlich）：《人口爆炸！——基于环境，资源和经济的角度》，水谷美穗译，新洋社，1994年，第36页。

来的负面结果，最终会回归发达国家。

资本的力量无法克服的局限在于资本追求无限的价值增殖，而地球却是有限的。外部耗尽之后，迄今为止的做法将不可持续。危机就此开始。这就是"人类世"危机的根本所在。

而现在正在发展过程中的气候变化，正是"人类世"危机最具代表性的案例。在外部行将耗尽的今天，在发达国家终于也能看到那些灾害，比如日本的超级台风、澳大利亚山林火灾等。

留给我们应对气候变化的时间不多了，而我们又该做些什么呢？

冷战结束后的浪费时间

经济学家肯尼思·艾瓦特·博尔丁（Kenneth E. Boulding）[1]曾说过："对有限的世界可以永远维持指数级增长深信不疑的人，要么是神志不清，要么就是经济学家。"半个多世纪过去了，我们仍旧只顾着追求经济增长，不断破坏地球环境，即便环境危机已经如此严重。而经济学家式的思维方式在日常生活中是如此根深蒂固。我们大概都有点"神志不清"。

而孩子们还保有清醒的神志。2018年联合国气候变化框架公约第24次缔约国大会（COP24）召开之时，瑞

---

[1] 肯尼思·艾瓦特·博尔丁：美国著名经济学家，被视为"绿色经济"首创者。——译者

典的环保运动家格雷塔·通贝里（Greta Thunberg）怒怼政治家们是为博人气只提"对环境友好的永久经济增长"[1]，戳破了大人们所制定的气候变化对策中的伪善性。因组织学校罢课而成名的格雷塔此时年仅 15 岁，还是个高中生。

格雷塔认为只要资本主义优先考虑经济增长，气候变化问题就得不到解决。她会产生这种想法也可以理解。冷战结束后的全球化与金融市场的管制放松带来了赚钱良机，资本主义一门心思赚大钱，白白浪费了本该用来应对气候变化的宝贵 30 年。

回顾一下历史。1988 年时，时任美国航天局（NASA）研究员的詹姆斯·汉森（James Hansen）[2]在美国国会提出警告，称有"99% 的概率"人类引起的气候变化已经出现。同年，联合国环境规划署（UNEP）与世界气象组织（WMO）共同设立了政府间气候变化专门委员会（IPCC）。

当时还是有希望缔结应对气候变化的国际协议的。如果当时就开始采取措施，那么二氧化碳的排放量可以以每年 3% 的速度缓慢减少，完全有可能解决气候变化问题。

但是，时机不对。在汉森提出警告后不久，柏林墙倒塌，接着苏联解体，美式新自由主义席卷全球。资本主义看到了原社会主义国家的廉价劳动力与市场，于是跑去开辟新的边缘地带。

---

[1] 格雷塔在 COP24 会议上的日语演讲全文可在以下新闻网站上找到：https://www.cnn.co.jp/world/35130247.html（last access on 2020.5.15）。
[2] 詹姆斯·汉森：著名气候学家，被称为"全球变暖研究之父"。——译者

随着经济活动的逐步扩大，资源浪费也在加速。比如人类所使用的化石燃料有近一半是在冷战结束后的1989年之后消耗掉的。[1]通过图2，可以清晰看到二氧化碳排放量的相应增长。

诺德豪斯那篇对于二氧化碳削减率充满过度乐观预测的论文也发表在这一时期。就这样，我们白白浪费了30多年宝贵岁月，没有采取应对措施，导致当下的情况显著恶化。

格雷塔之所以言辞如此激烈，正是出于对大人们只顾眼前、白白错失机会的不负责任的愤怒。而政治家们、精英们还是岿然不动，依然以经济增长为优先。这种态度更是进一步激怒了她。"你们之所以不听从科学，是因为你们只对能维持目前生活方式的解决方法感兴趣。但已经没有那种答案了。因为你们大人没有在还来得及的时候采取行动。"[2]

到了现在这种地步，现有体系已无法解决这一问题，所以格雷塔在COP24上的演讲的最终结论是"应该改变体系本身"。而全世界的年轻人都在狂热地支持格雷塔。

要响应孩子们的呼声，我们大人必须首先理清现有体系的本质，为下一个体系做准备。而格雷塔认为束手无策的那个体系指的自然就是资本主义。

---

[1] 大卫·华莱士-威尔斯（David Wallace-Wells）：《地球变得不适合居住："气候崩溃"不可避免的真相》，藤井留美译，NHK出版社，2020年，第11页。
[2] 来自2009年4月23日在英国议会的演讲。参见 https://www.theguardian.com/environment/2019/apr/23/gretathunberg-full-speech-to-mps-you-did-not-act-in-time（last access on 2020.5.15）。

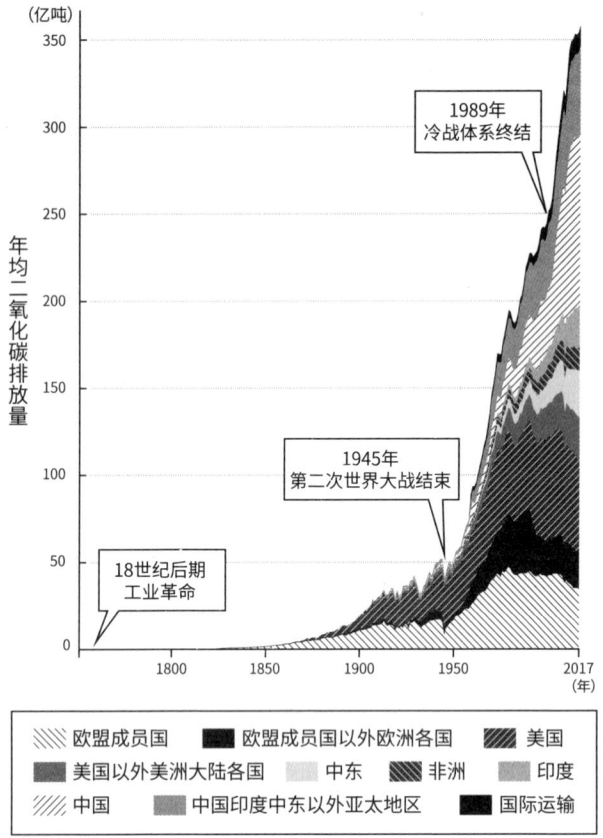

图2 各地区二氧化碳排放量

基于 Carbon Dioxide Information Analysis Center（CDIAC）以及 Global Carbon Project（GCP）数据绘制。

马克思对于环境危机的预言

回顾资本主义历史，就会发现国家、大企业几乎不可能提出足够规模的气候变化对策。资本主义给出的不是解决方法，而只是将掠夺与负担进行外部化转嫁。它们不断重复着把矛盾转嫁向某个远方，对问题的解决一再拖延。

但实际上早在19世纪中叶，就有人对这一转嫁所创造出的外部以及其中隐藏的问题做了分析——那就是卡尔·马克思。

马克思强调资本主义将自身矛盾转嫁到了别处，使之隐形，但转嫁又导致矛盾的进一步加深，最终必然深陷泥潭之中。

通过资本来转嫁矛盾的尝试最终一定会失败。马克思认为这是资本自身无法克服的局限性所致。

所以，我将参考马克思的理论来深入分析资本主义的局限性，这里先对技术性、空间性、时间性三种转嫁做一梳理。

技术性转嫁——搅乱生态体系

第一种转嫁方法是以技术发展解决环境危机的尝试。

马克思讨论了关于农业导致土壤肥力耗竭的问题。当时他参考的是同时代化学家尤斯图斯·冯·李比希（Justus von Liebig）对于"掠夺式农业"的批判。

李比希指出，土壤中的养分，尤其是磷与钾等无机物质是通过岩石的风化作用被植物所吸收。但是风化的速度是极其缓慢的，所以植物可以利用的土壤养分也是有限的。因此，为了保持土地的肥力，必须让谷物所吸收走的那部分无机物质切实地回到土壤之中。李比希将此称为"补给法则"(Gesetz des Ersatzes)。总而言之,农业的可持续发展离不开土壤养分的充分循环。

但是,随着资本主义的发展,城市与农村之间分工不断推进,在农村所收获的谷物被销售给了城市工人。这样一来,谷物在城市被消费,被城市的工人们吸收、消化后用马桶冲进了河里,其所吸取的土壤养分就再也回不到原来的土壤中了。

资本主义制度下的农业经营也有潜在问题。农场经营者们都短视,喜欢连作赚钱,不愿意休耕让土地恢复肥力,将可以滋润土地的灌溉设备的投资控制在最低。资本主义本就将短期利润放在首位。这样土地养分循环就出现了"裂缝",土壤不断失去养分,却得不到补给,日益耗竭。

李比希批评牺牲可持续性来追求短期利润的非理性农业经营是"掠夺式农业",并警告称这会带来欧洲文明的崩溃危机。[1]

但是,李比希所警告的由土地耗竭所引起的文明危机在此后的历史中却没有发生。这又是为什么呢?这是因为20世纪初所发明的"哈伯·博施法"使工业制氨成为可能,带来了廉价化肥的大规模生产。

但是,这一发明并非弥补了循环中的"裂缝",而只是进行了"转嫁"。以哈伯·博施法制氨(NH_3),不仅

---

[1] 斋藤幸平:《洪水滔天前:马克思与地球的物质代谢》,堀之内出版社,2019年,第四章。

需要大气中的氮（N），还需要化石燃料（主要是天然气）提供氢（H）。因此，要满足全世界的农田需要，就必须使用大量化石燃料。

用于合成氨的天然气，实际占到了天然气整个产量的3%至5%。[1]总之，现代农业浪费其他有限的资源代替原本使用的土壤养分。而在氨的生产过程中，自然会产生大量的二氧化碳。这就是技术性转嫁的根本性矛盾所在。

通过大量使用化肥，农业得以发展。但氮化合物泄漏到环境中，又造成了地下水的硝酸污染、富营养化，导致赤潮等问题的产生，这又影响了饮用水、渔业。所以，通过技术所做的转嫁，最终引发的是远比土壤耗竭规模更大的环境问题。

事情还远远没有结束。化肥的大规模应用搅乱了土壤的生态系统，使得土壤的蓄水能力下降，蔬菜、动物变得容易感染疾病。然而市场却要求没有被虫咬过的、大小一致的廉价蔬菜。于是，现代农业越发需要化肥、农药、抗生素。而这些化学物质也泄漏到环境中，又会搅乱生态系统。

但是，造成这一切的企业却拒不赔偿，坚称没有证据显示企业行为与这些损失有因果关系。即便做出赔偿，多数情况下也无法使环境恢复原样。

所以技术性转嫁并没有解决问题。技术滥用反而不断加深了矛盾。

---

[1] "Researchers dramatically clean up ammonia production and cut costs": https://phys.org/news/2019-04-ammonia-production.html (last access on 2020.5.15).

空间性转嫁——外部化与生态帝国主义

技术性转嫁之外还有空间性转嫁,这是第二种方法。马克思就其与土地耗竭之间的关系展开了探讨。

在马克思的时代,哈伯·博施法还未曾发明,当时广受瞩目的替代肥料是海鸟粪石(guano)[1]。栖息于南美秘鲁海岸的许多海鸟,其粪便堆积物石化后便形成了海鸟粪石。而这些海鸟粪石日积月累,变成了小岛。

这些海鸟粪石就是干燥的鸟粪,里面有许多植物生长所必需的无机物,处理起来也很方便。实际上当地的原住民一直有把它用作粪肥的传统。第一个注意到海鸟粪石功效的欧洲人是亚历山大·冯·洪堡(Alexander von Humboldt),19世纪初时他正在南美各地进行考察之旅。

此后,海鸟粪石一举成名,被视为解救土壤耗竭的救世主。大量的海鸟粪石从南美出口到欧美,拜其所赐,英国、美国的土壤肥力得以维持,城市工人的食物也得到了保障。

但是,这并没有弥补"裂缝"。大批工人被动员起来,而海鸟粪石不断被掠夺而去。最终带来的是对原住民的暴力压迫、对高达9万名中国苦力的剥削,以及因海鸟数量锐减导致的海鸟粪石资源的迅速枯竭。[2] 为争夺快速枯竭

---

[1] guano 一词源自安第斯本土语言克丘亚语,意思是农业肥料。——译者
[2] Fredrick B. Pike, *The United States and the Andean Republics: Peru, Bolivia, and Ecuador* (Cambridge MA: Harvard University Press, 1977), 84.

的资源，还爆发了钦查群岛战争[1]（1864—1866）和硝石战争[2]（1879—1884）。

从这些案例中可以看到，中心地区采取了一种只对其自身有利的形式消解矛盾，这种转嫁尝试就是"生态帝国主义"（ecological imperialism）。生态帝国主义依赖于对边缘地区的掠夺，同时将矛盾转移到边缘地区，正因为这一行为给原住民的生活、生态系统施加了沉重的打击，导致矛盾在不断加深。[3]

时间性转嫁——"我死后哪怕洪水滔天！"

最后是第三种转嫁方法，即时间性转嫁。当时马克思是针对森林的过度砍伐展开了相关探讨，但在今天，时间性转嫁最为明显的体现则是气候变化。

毫无疑问，大量消费化石燃料引起了气候变化。但是，它的影响并不会立刻全部显现出来。常常存在长

---

[1] 1864年4月，西班牙远征舰队进攻秘鲁，夺走了满是鸟粪的钦查群岛，并封锁了秘鲁的港口。秘鲁与智利、厄瓜多尔、玻利维亚等结成反西同盟，对抗西班牙。西班牙最终于1866年从钦查群岛撤军。——译者
[2] 硝石战争一般指南美太平洋战争，是19世纪拉丁美洲规模最大的战争之一，秘鲁、玻利维亚、智利三国为争夺三国交界处的阿塔卡马沙漠中的鸟粪和硝石资源而展开，最终智利取得了胜利。——译者
[3] "生态帝国主义"是Alfred W. Crosby使用的一个著名术语，在这里所参考的有：Brett Clark and John Bellamy Foster, "Ecological Imperialism and the Global Metabolic Rift: Unequal Exchange and the Guano/Nitrates Trade", *International Journal of Comparative Sociology* 50, no. 3—4 (2009): 311—334。藤原辰史的《稻米的"大东亚共荣圈"——日本帝国的"绿色革命"》（吉川弘文馆，2012年），也使用了"生态帝国主义"的概念，但与Crosby有分歧，相较而言，Clark和Foster与藤原的立场更为接近。

达十数年的时间滞后，而资本却想着利用这一时间滞后，从已经投下去的挖掘机、管道中尽可能榨取更多的利润。

资本主义就是这样，只反映现在的股东、经营者们的意见，无视目前还不存在的后代的声音，从而创造出外部性，将成本转嫁给未来。牺牲未来，我们这代就能维持繁荣。

而我们的后代则要饱受二氧化碳之苦，为明明不是自己排放的二氧化碳买单。马克思讽刺资本家的这种态度是"我死后哪怕洪水滔天！"[1]。

可能有人会认为时间性转嫁并非都是消极的，而是为开发出应对危机的技术争取一点时间。还有学者如本章开头所提到的诺德豪斯那样，认为在二氧化碳减排方面步子迈大了会给经济造成恶劣影响，更聪明的做法是通过经济增长变得富裕，再推动技术发展。

但是，即便开发出了新技术，要将技术应用于整个社会也需要很长时间。宝贵的时间因此而流失。在这期间，或许促使危机加速、恶化的机制（正反馈效应[2]）会进一步加强，环境危机会变得更加严重。这样一来，新技术有可能无法完全应对新情况。技术解决一切的期许则就此落空。

"正反馈效应"大，自然也会对经济活动产生极大的负面影响。如果新技术跟不上环境恶化的速度，那么人类便

---

[1] 中文版见《资本论》人民出版社，2004年版，第1卷，第311页。——译者
[2] 根据《犯罪学大辞典》的解释，正反馈效应即结果反过来使预测过程加强而产生较高的预测结果。——译者

无计可施，后代就只能举手投降。这自然又会给经济活动带来负面影响。也就是说，未来人类不但只能在极为恶劣的环境中生存，经济上也会陷入困境。

这才是最坏的结果吧。所以不能一切都交由技术来解决。必须找到根本原因，再对症下药，从根本上阻断气候变化。

边缘地区的双重负担

在前面，我们参考马克思分析了三种类型的转嫁。显然，今后资本还是会利用各种手段，将负面结果不断转嫁给边缘地区。

于是边缘地区就必须面对双重负担，即在饱受生态帝国主义掠夺之苦后，更被迫承受不平等的、由转嫁所带来的破坏性影响。

比如，南美洲的智利为了欧美人的"健康饮食"，也即为了他们的帝国式生活方式，种植了专供出口的牛油果。牛油果被誉为"森林黄油"，但种植牛油果需要大量的水，更会吸干土壤养分，所以一旦开始种植牛油果，就很难再去种植其他种类的水果。也就说是智利为此牺牲了自己的生活用水与粮食生产。

据说受气候变化的影响，智利遭遇干旱，出现了严重的缺水问题。如前文所见，气候变化是转嫁的结果。而此时，新冠疫情又开始蔓延。因干旱越发缺水，可水却还是被用于培育拿来出口的牛油果，而不是用于洗手等防疫措施，因为自来水厂是由私人经营的。[1]

首当其冲，受到欧美人的消费主义生活方式所引起的气候变化、疫情蔓延伤害的是边缘地区。

地球毁灭于资本主义之前

风险与机会被以极不平等的形式分配。中心地区的不断胜利需要边缘地区的永远失败。

中心地区当然不可能完全免受自然条件恶化之苦。但是，拜转嫁所赐，资本主义至今没有遭受过足以使其毁灭的重创。也就是说，当发达国家的人们开始面对重大问题时，这颗星球的不少地区已处于生态不可修复的状态。因此在资本主义毁灭之前，地球就会变得不适合人类居住。

所以，美国著名环保理论家比尔·麦吉本（Bill Mckibben）说："我们所面临的极限，并非只是可利用的化石燃料在不断减少。实际上这甚至不是最重要的问题。因为在石油枯竭之前，地球就已不复存在。"[2]

他话里的"石油"也可以换成"资本主义"。地球不行了，我们人类自然全完蛋。而地球可没有备用计划。

---

[1] 森沙也加：《新冠带来的人道主义危机》，《世界》，2020年6月，第140—141页。
[2] 比尔·麦吉本：《深层经济——走向孕育生命的经济》，大槻敦子译，英治出版，2008年，第30页。

危机原形毕露

光看短期、看表面,资本主义社会貌似仍旧欣欣向荣。然而中国、巴西等原来的外部化接盘国也实现了快速经济发展。这样一来,外部化也好,转嫁也罢,可供腾挪的空间越来越小。

所有国家同时实现外部化转嫁,在逻辑上是无法成立的。但是,没有外部,就会让"外部化社会"完蛋。

实际上,在丧失有廉价劳动力的前沿地带后,利润率的下降更激化了发达国家内部对工人的剥削。同时,当环境负担向全球南方的转嫁、外部化日益临近临界点时,这一矛盾也会在发达国家内部显现。住在发达国家的我们也确实感受到了劳动条件的恶化。早晚破坏环境的报应也会通过气候变化等方式回到我们自己身上。这早已不再是旁人之事。

我们再回顾一下沃勒斯坦的观点。问题在于地球只有一个,而一切皆相联系。当外部化、转嫁越发困难时,那些报应就会回到我们自己身上。塑料垃圾流向大海,消失不见,然后化为微塑料,混在各种鱼虾海鲜中,混在水中,重新回到我们的生活中。据说我们每周吃下去的塑料有一张信用卡那么大。二氧化碳引起气候变化,然后化为热浪、超级台风,每年光顾日本。

在欧洲,叙利亚难民问题变成了社会危机,助长了右翼民粹主义的崛起,威胁着民主。但据说叙利亚内战的原因之一在于气候变化。因为叙利亚地区长年持续干旱,农作物歉收,人们穷困潦倒,导致社会冲突发生的可能性不断增高。[1]

美国也是如此。飓风越来越大，于是洪都拉斯难民涌向了美国边境的难民营。他们要逃离的不光是暴力、政治不稳定，还有气候变化导致的难以为继的农业与贫穷。[2]但是，特朗普总统对蜂拥而至的难民可谈不上仁慈，他不仅把难民拘留在极为恶劣的环境中，断然拒绝难民进入美国，还在与墨西哥的边境地区修起了一堵墙。欧盟也把难民推给了土耳其。但不可能一直这样下去。气候变化与环境难民正通过物质、身体等形式，让发达国家隐藏至今的帝国式生活方式的矛盾原形毕露，并颠覆着现有秩序。

大分岔时代

随着外部的消失，要对危机视而不见，也越发困难。现在可不能优雅地等着"我死后哪怕洪水滔天！"，因为"滔天洪水"已经"迫在眉睫"。

气候变化把一个严峻的现实摆在了人类面前。我们必须重新评估依靠资源榨取主义与外部化而存在的帝国式生活方式。

但是，得知转嫁越发困难，人群中就会滋生出危机感、

---

[1] "Auf der Flucht vor dem Klima?", *FAZ*: https://www.faz.net/aktuell/wissen/klima/gibt-es-schon-heute-klimafluechtlinge-14081159-p3.html (last access on 2020.5.15).

[2] "The unseen driver behind the migrant caravan: climate change", *The Guardian*: https://www.theguardian.com/world/2018/oct/30/migrant-caravan-causes-climate-change-central-america (last access on 2020.5.15).

不安，导致排外运动的强化。右翼民粹主义会利用气候危机宣传自身主张，煽动排外性民族主义。这又造成了社会分裂，进一步加深民主危机。最终或许权威主义领导人会登上统治者宝座，迎来"气候法西斯主义"的统治体制。第三章会就这一危险展开探讨。

但危机的另一面是机会。发达国家的人们因为气候变化而不得不正视自身行为所造成的现实。当外部消失殆尽后，自己也会变成受害者。这样，寻求改变现有生活方式、建立更公正的社会的要求、行动或许就能获得更为广泛的支持。

用沃勒斯坦的话来说，这正是资本主义体系危机所带来的"分岔点"。外部的耗尽，把我们带到了现有体系无法正常运行的历史岔口。

沃勒斯坦在去世前曾这么说："过去那种把外部化视为'理所当然'的看法早已是遥远的记忆。"[1]

无法实现外部化，资本积累也将无法维持原有模式。环境危机进一步加深，最终极大动摇了资本主义体系的合法性，针对现有体系的抗议活动也将越演越烈。

所以，沃勒斯坦留下了"外部耗尽的今天正是历史岔口"的遗言。资本主义体系是崩溃、陷入混沌状态，还是被其他稳定的社会体系所替换？无论如何，迈向资本主义终点的"分岔点"，已经出现。[2]

---

[1] 伊曼纽尔·沃勒斯坦：《资本主义还有未来吗：来自历史社会学的方法》，若森章孝、若森文子译，唯学书房，2019年，第37页。
[2] 伊曼纽尔·沃勒斯坦：《世界体系分析导论》，山下范久译，藤原书店，2006年，第185页。

站在 21 世纪初这一巨大的历史分岔口，再看罗莎·卢森堡（Rosa Luxemburg）的那句"是社会主义还是野蛮"，无疑有了更为现实的意味。如何才能防止"野蛮"？我们唯一可以确定的是，靠阶段性改良已经来不及了。

那么，我们究竟可以给出怎样的大胆对策呢？下一章将先来讨论被欧美寄予"希望"的"洗绿"。

第二章
气候凯恩斯主义的局限性

绿色新政是希望？

在第一章中我们说过资本主义体系不仅掠夺人，也掠夺自然资源。资本主义更通过将负担向外部转嫁来维持经济增长。当负担的外部化运作良好时，居住在发达国家的我们不仅没受环境危机之苦，还生活富裕。所以，我们都没有认真考虑过富裕生活的"真实成本"。

但是，这一资本主义体系正是让环境危机恶化至此的罪魁祸首。而生活在发达国家的我们情愿成本被隐蔽，即便多少有些感觉，仍拒绝直视现实。所以等到想出对策，也为时已晚了。

在此期间，"真实成本"已经变得让人无法忽视。我们距离不可逆点已经没有多少时间，此时发达国家也终于开始讨论起能否制定出史无前例的"大胆"对策。

"绿色新政"（Green New Deal）是万众期待的政策计

划之一。比如在美国,"绿色新政"的必要性受到了托马斯·弗里德曼(Thomas Loren Friedman)[1]、杰里米·里夫金(Jeremy Rifkin)[2]等有识之士的提倡与拥护。而伯尼·桑德斯(Bernie Sanders)[3]、杰里米·科尔宾(Jeremy Corbyn)[4]、亚尼斯·瓦鲁法基斯(Yanis Varoufakis)[5]等世界著名政治家也把"洗绿"作为自身竞选的招牌,虽然他们各自对这一概念所做的定义有着根本性的不同。

所谓绿色新政,就是要通过大规模财政出资、公共投资来推广可再生能源、电动车等,然后创造出稳定的高薪岗位,增加有效需求,从而刺激经济增长。人们希望经济景气能带来更多投资,从而加快向可持续绿色经济的转型。

罗斯福新政曾解救了20世纪初的资本主义。我们从绿色新政这一命名中也能读出人们对其所寄予的厚望。在危机时代,新自由主义早已失效。紧缩与"小政府"已无力应对,今后就该是新绿色凯恩斯主义,也就是"气候凯恩斯主义"的时代。

但真有这样的好事吗?绿色新政真能在"人类世"力

---

[1] 托马斯·弗里德曼:美国新闻记者,普利策新闻奖的三届获奖者。主要作品有《世界是平的》《世界又热又平又挤》。——译者
[2] 杰里米·里夫金:美国经济学家和社会理论家、社会活动家与作家,主要作品有《熵:一种新的世界观》《生物技术世纪:用基因重塑世界》《第三次工业革命:新经济模式如何改变世界》等。——译者
[3] 伯尼·桑德斯:民主社会主义者,也是美国历史上第一名信奉社会主义的参议员,以民主党人身份参加2016年、2020年美国总统大选。——译者
[4] 杰里米·科尔宾:前英国工党领袖。——译者
[5] 亚尼斯·瓦鲁法基斯:希腊前财政部部长,雅典大学经济学教授。——译者

挽狂澜吗？在第二章里，我想谈谈关于绿色新政的一些问题。

"绿色经济增长"中的商机

在绿色新政的倡导者中，经济记者弗里德曼对"经济增长"这一块寄予了极大希望。他称之为"绿色革命"，并提出"必须把绿色革命看作又一种商机，这是对我们美国的重生至关重要的机会"。[1]

弗里德曼一直主张，在苏联解体后随着全球化与信息技术的发展，世界变"平"了，所有人都互相关联。再加上新的"绿色革命"，这个"平"的世界真的可以是可持续的。

从弗里德曼的话语中可以看到，或许存在这么一种希望，气候凯恩斯主义可以将气候变化变为良机，使得迄今为止的经济增长仍能持续下去。换句话说，基于气候凯恩斯主义的"绿色经济增长"，正是能够让资本主义维持"正常运转"的"最后堡垒"。

SDGs——无限增长是否可能？

"SDGs"正是这一"最后堡垒"的旗帜。联合国、世

---

[1] 托马斯·弗里德曼：《绿色革命修订扩大版（上下）》，伏见威藩译，日本经济新闻出版公司，2010年，下册，第321页。

界银行、国际货币基金组织（IMF）、经济合作发展组织（OECD）等国际组织都标榜 SDGs 之名，热心追求所谓的"绿色经济增长"。

比如包括英国、韩国在内的七国设立了"经济与气候相关全球委员会"，其发表的《新气候经济报告》（*New Climate Economy Report*）中总结说"通过快速的技术革新、可持续的基础设施投资以及资源生产性的增加，在这些要素的互相作用下可以推进可持续发展"，并对 SDGs 做出了很高的评价。报告还称"我们的经济增长已经进入了新时代"。[1] 由此可见，在精英们齐聚一堂的国际组织内，气候变化对策被视作经济增长的新"机遇"。

弗里德曼与里夫金等人所提倡的气候凯恩斯主义确实会创造出更高的经济增长。这是一次巨大的经济转型，不仅仅是太阳能电池板，还有电动汽车及其快速充电器的广泛使用，以及生物质能（biomass energy）[2] 的发展。这必然需要许多投资，也会创造出很多工作岗位。在气候危机时代，主张必须通过大规模投资，对现有的社会基础设施进行整体更新，也完全正确。

但还是有疑问。总会不由地怀疑它究竟能否与地球的极限相适应？即便冠之以"绿"，但还是贪图无限增长的

---

[1] The New Climate Economy, *Unlocking the Inclusive Growth Story of the 21st Century: Accelerating Climate Action in Urgent Times*, 10: https://newclimateeconomy.report/2018/wp-content/uploads/sites/6/2019/04/NCE_2018Report_Full_FINAL.pdf (last access on 2020.5.15).

[2] 生物质指利用大气、水、土地等通过光合作用而产生的各种有机体，包括植物、动物和微生物。生物质能，指通过植物的光合作用将太阳能转化为化学能，储存在生物质内部的能量，与太阳能、风能等同属可再生能源。——译者

话,最终还是会超过地球的极限吧。

行星边界

如果是这样的话,那么即使我们以经济增长为目标,也需要在极限处画一条线,以确保向可持续经济的大转型所带来的额外环境负担不会是不可逆转的。这是环境学家约翰·罗克斯特伦(Johan Rockström)的观点。他和他的团队在2009年提出了"行星边界"(Planetary Boundaries)的概念。

让我先简单解释一下行星边界是什么。

地球系统中,自然本就具备复原力(resilience)。然而,当负荷增加到一定程度后,这种复原力就会丧失,有可能导致极速、不可逆转、破坏性的变化,如极地冰川的融化、野生动物的大规模灭绝等。这就是"临界点"(tipping point)。对人类而言,跨过临界点当然是极其危险的。

因此,罗克斯特伦试图通过测量和预测九个领域的阈值,来确定人类稳定生存的极限所在(这九个领域分别是气候变化、生物多样性的丧失、氮和磷循环、土地利用的变化、海洋酸化、淡水消耗增加、臭氧耗竭、大气中的气溶胶负荷和化学污染)。

这就是"行星边界"。罗克斯特伦的目的是划定一个不超过其极限的"人类活动安全范围"。

不难看出,"行星边界"概念对 SDGs 产生了重大影响。行星边界也成了推动技术创新和效率的目标值。

能否边增长边减排?

然而,根据罗克斯特伦等人的测量,由于人类的经济活动,气候变化、生物多样性等四个领域的行星边界已经被突破了。[1]

这一事实很好地体现了"人类世"的真实状况。人类试图支配自然,最终以不可逆转的形式,极大地改变了地球环境。我们人类正濒临一场无能为力的危机,此时通过"气候凯恩斯主义"追求"绿色经济增长",真的是个好主意吗?

我想提请注意罗克斯特伦本人在 2019 年公开发表的一篇文章。这篇文章是在他提出行星边界这一概念的 10 年后写的,标题极富冲击力,叫《逃避现实的绿色经济增长》。[2]

迄今为止,罗克斯特伦和其他许多研究人员一样,都是在以下假设的基础上展开探讨的,即如果我们实现了把地球极限也纳入考量的"绿色经济增长",就有可能达成温度上升低于 1.5 ℃ 的目标。

---

[1] 约翰·罗克斯特伦,马提亚·克鲁姆(Matthias Krumm):《小星球上的大世界:行星边界和可持续发展》,谷淳也等译,丸善出版,2018 年,第 79 页。
[2] Johan Rockström, "Önsketänkande med grön tillväxt-vi måste agera", *Svenska Dagbladet*: https://www.svd.se/onsketankande-med-gron-tillvaxt--vi-maste-agera/av/johan-rockstrom (last access on 2020.5.15).

但他最终放弃了这一立场并批评了自己。换句话说，他公开承认，在经济增长和温度上升不超过 1.5 ℃ 的目标之间，只能二选一。用略为专业的话来说，罗克斯特伦断定经济增长与环境负担之间的"脱钩"（decoupling）实际上是极难实现的。

什么是脱钩？

"脱钩"，在日语中被解释为"割断"或"分离"。这一概念在日常生活中或许很少听到，但在经济和环境等领域用得很多。

先解释一下这个词在本书讨论中的意思。通常情况下，"经济增长"会增加"环境负担"，脱钩则是试图通过新技术使这种联动的增长彼此脱离。换句话说，它是在寻找不增加环境负担的经济增长方式。就气候变化而言，其目标是通过新技术的运用，在维持经济增长的同时减少二氧化碳的排放。

例如，在发展中国家的发展过程中，建设发电站、电网等基础设施，消费房屋、汽车等大件商品，就会推动经济增长，但也会排放大量的二氧化碳。如果在进行基础设施建设、大件商品消费时，能引进发达国家所援助的、更有效的新技术，那么相比较于采用原有技术，二氧化碳排放量的上升会更缓慢。

通过提高效率，使二氧化碳排放量的增长率相对于经济增长的增长率有所下降。这被称为"相对脱钩"。

减少二氧化碳绝对排放量的必要性

然而,"相对脱钩"并不足以应对气候变化。不减少二氧化碳排放的绝对数量,就无法阻止温度上升。在减少绝对排放量的同时实现经济增长,这被叫做"绝对脱钩"。

图3假设实际GDP和二氧化碳排放量在某一特定时间点为100,描绘了其后的演变。从中可见,"绝对脱钩"中需要削减的二氧化碳排放量,与"相对脱钩"中的排放量之间存在着巨大差异。

举个"绝对脱钩"的例子,推广不排放二氧化碳的电动汽车。减少汽油车的数量,二氧化碳的排放量也会随之减少。另一方面,销售电动汽车,又能使经济增长得以继续。

再举个例子,用在线视频会议取代坐飞机出差,也有助于"绝对脱钩"。从燃煤发电转为太阳能发电同样如此,都可以在实现经济增长的同时减少二氧化碳排放量。换句话说,经济增长和排放量增加之间的相关性被消除、割断。只要采取一系列这样的措施,就可能在保持经济增长的同时,减少二氧化碳的绝对排放量。

弗里德曼等人所倡导的绿色新政就试图以这样的方式,将二氧化碳的净排放量减少到零,从而达成GDP一如既往地增长,而温度上升低于1.5 ℃的目标。这当然需要相当大的技术革命。绿色新政正是以"绝对脱钩"为目标的一大世纪工程。

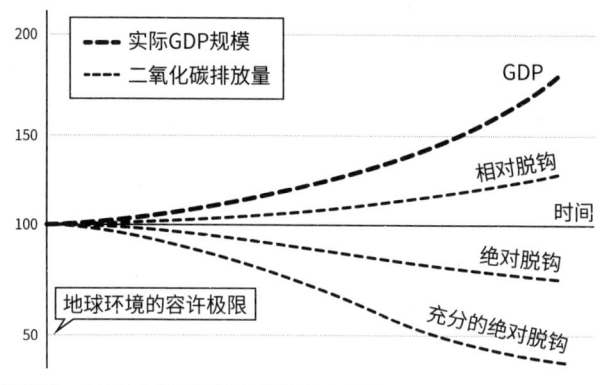

图 3 实际 GDP 与二氧化碳排放量的脱钩

[图：纵轴从 50 到 200，标注有"实际GDP规模"、"二氧化碳排放量"、"GDP"、"相对脱钩"、"时间"、"绝对脱钩"、"充分的绝对脱钩"、"地球环境的容许极限"]

根据凯特·拉沃斯《甜甜圈经济学拯救世界》（黑轮笃嗣译，河出书房新社，2018 年）绘制。

经济增长的陷阱

鉴于未来技术变革的潜力，可再生能源和信息技术可能会以相当快的速度发展。这就是为什么许多环境经济学家会乐观地认为"绝对脱钩相对容易"。[1]

然而，"绝对脱钩"真的可能实现吗？

这个问题的答案在很大程度上取决于我们将实现脱碳社会的时间设定在何时。例如，设定为从现在起的 100 年后，则完全有可能实现零排放。

但那就为时已晚了。请记住科学家们的警告。二氧化

---

[1] Cameron Hepburn and Alex Bowen, "Prosperity with growth: Economic growth, climate change and environmental limits", in Roger Fouquet (ed.), *Handbook on Energy and Climate Change* (Cheltenham: Edward Elgar Publishing 2013), 632.

碳排放量必须在 2030 年之前减半，在 2050 年之前减少到零。换言之，问题在于我们是否能够在未来 10 年到 20 年内实现可以阻止气候变化的"充分的绝对脱钩"。

甚至是罗克斯特伦本人也开始承认通过脱钩实现绿色增长是"逃避现实"。他说，依靠"充分的绝对脱钩"，是不可能实现低于 1.5 ℃ 的目标的。

为什么不可能呢？因为脱钩自身就存在着这么一个单纯却又顽固的矛盾。经济增长越顺利，经济活动的规模就越大。资源消耗量随之增长，二氧化碳排放量的削减就越发困难。

也就是说，绿色经济增长越成功，产生的二氧化碳排放量就越多。拜其所赐，必须要进一步大幅度提高效率。这就是"经济增长的陷阱"。那有可能最终走出这个陷阱吗？

我的结论是，很不幸，几乎没有逃出这一陷阱的可能。既要维持 2% 至 3% 的 GDP 增长，又要达成 1.5 ℃ 的目标，那么从现在开始，必须立刻以每年 10% 左右的速度削减二氧化碳排放量。显然，一切交由市场决定的话，怎么都不可能达成每年 10% 的极速减排。

生产力陷阱

罗克斯特伦在认真研究这种"经济增长的陷阱"之后，在前面所提到的文章中提出了放弃经济增长的结论。原因很简单，如果我们放弃增长，缩小经济规模，将更容易达到我们的碳减排目标。

这是一个为阻止对地球环境的破坏、维持人类繁荣的条件所做出的决断，也是一个在资本主义制度下不可能被接受的决断。这是因为资本主义还存在着另一个陷阱——"生产力陷阱"。[1]

资本主义试图通过提高劳动生产率来削减成本。如果劳动生产率提高了，产出等量产品所需要的人手就减少了。在这种情况下，如果经济规模保持不变，就会出现失业人员。但在资本主义制度下，失业者无法谋生，而政客们也不喜欢高失业率。因此，为了确保就业，就要不断扩大经济规模。这种强大压力一直存在。而提高了生产力，就不得不随之扩大经济规模。这就是"生产力陷阱"。

资本主义走不出"生产力陷阱"，也不可能放弃经济增长。如此一来，即便想要采取行动，应对气候变化，最终也只会陷入"经济增长的陷阱"，徒增资源消耗而已。

因此，科学家们也开始意识到资本主义的局限性。

脱钩乃幻觉

话虽如此，在诸位读者眼里，罗克斯特伦的"停止增长"这一结论想必还是一个疯狂的观点。而气候凯恩斯主义看起来更符合常识，你会强烈感觉到我们不应该放弃经

---

[1] Peter A. Victor, *Managing without Growth: Slower by Design, not Disaster* 2nd ed. (Cheltenham: Edward Elgar Publishing, 2019), 15.

济增长,而自然科学家在经济学方面可能并不太行。

因此,让我先稍微详细地介绍一下对脱钩困难性所做的实证研究。具体援引自著名的英国环境经济学家蒂姆·杰克逊(Tim Jackson)所撰写的畅销书《没有增长的繁荣》(第二版,2017年)。

根据杰克逊的说法,能源消耗正变得更加有效,特别是在发达国家的工业部门。在美国和英国,与1980年相比,已经有了40%的显著改善。而在经合组织成员中,能源消耗占实际GDP的比例也已大幅下降。如果我们只看发达国家,"相对脱钩"无疑处于推进之中。

然而,与发达国家所呈现的趋势相反,在巴西、中东等地区,能源消耗占实际GDP的比例反而在迅速上升。这些地区优先考虑的都是短期经济增长,在原有技术下进行了大量投资,甚至连"相对脱钩"都没出现。

如果能源消费的效率变低,那么二氧化碳排放量占实际GDP的比例自然也不会得到改善。由于经济增长的重心已经转移到中国和巴西等国家,所以当我们俯瞰全球排放率时,就会发现从2004年到2015年,每年只降低了0.2%。[1]

总之,就世界整体而言,这些年来甚至连实现的二氧化碳排放和增长之间的"相对脱钩",都微乎其微。在这种情况下,说什么为了在2050年达成零排放而实施"绝对脱钩",无异于痴人说梦。

---

[1] Tim Jackson, *Prosperity without Growth: Foundations for the Economy of Tomorrow* 2nd ed. (London: Routledge 2017), 89.

事实上，一些发达国家在 2008 年的次贷危机后陷入长期停滞，二氧化碳的排放量确实已经下降。比如从 2000 年到 2013 年，英国的 GDP 增长了 27%，但二氧化碳排放量却下降了 9%。德国、丹麦等国也出现了"绝对脱钩"。

然而，就全球范围而言，由于新兴经济体的快速增长，二氧化碳排放量还是在持续上升。是的，实际上二氧化碳的排放量并没有因"绝对脱钩"而减少，反而一个劲地在增加。我们已经看到了这些数据（参照图 2）。就结果而言，全球二氧化碳排放量在以每年约 2.6% 的速度不断增加。即便在发达国家中，也有美国这样每年排放量增加 1.6% 的国家。[1] 达成 2 ℃ 目标的"充分的绝对脱钩"，怎么看都不可能实现。

因此，杰克逊得出了这样的结论，"脱钩"它就是个"神话"，"完全没有说服力"，并批评那些绿色增长的倡导者。他甚至说，资本主义制度下的技术创新会阻止气候变化这一所谓的"简单假设"，只不过是种"幻觉"。[2]

正在发生的是再挂钩

看到杰克逊的数据，有些人可能会把全球碳排放量的上升归咎于新兴经济体的快速经济发展，想去谴责新兴经济体。

---

[1] 诺德豪斯：《气候赌场》，第 31 页。
[2] Jackson, *Prosperity without Growth,* op. cit., 87, 102. 第一版也有日译本。蒂姆·杰克逊：《没有增长的繁荣》，田泽恭子译，一灯社，2012 年。

但这会重蹈第一章中所提到的"荷兰谬论"之覆辙（参照第一章"'荷兰谬论'——发达国家对地球友好？"一节）。只看到发达国家二氧化碳排放量的下降，就是一种误导。在中国、巴西和印度等地所开采的资源，所生产的产品，有相当一部分是被出口到了发达国家，并在那里消费。

简而言之，发达国家的"表面"脱钩，可以归功于将其负面因素（在此即为与经济活动相关的二氧化碳排放）转嫁到了外部某处。经合组织成员的脱钩靠的可不仅仅是技术创新，也是过去30年间，将国内消费的产品、食品等的生产转嫁给全球南方的结果。

因此，杰克逊说，将进出口也纳入对碳足迹的考察后，就会发现甚至连"相对脱钩"都不存在。[1]（碳足迹是指用二氧化碳排放量进行换算的，从商品、服务的原材料采购到废弃的整个过程中所引起的温室气体排放量。）

因此，"绝对脱钩"理论上看似可能，实际上，除去次贷危机、新冠疫情等暂时的紧急状况或衰退时期外，几乎不可能大规模且持续地发生。

照理说，无论技术如何进步，效率都会受到物质的限制。无论多高效，我们也不可能用一半的原材料就把车造出来吧。

再回头看看工业革命以来的资本主义历史，显然20世纪的经济增长是通过大量使用化石燃料实现的。经济增长和化石燃料密不可分。既要保持与以前相同的经济增长，

---

[1] Jackson, *Prosperity without Growth*, op. cit., 92.

又要减少二氧化碳排放，不用说必然存在着实际困难。

综上所述，在这场气候危机中，把我们的希望寄托在基于"绝对脱钩"的经济增长上，显然是错误的。而"绿色增长"战略则放大了"绝对脱钩"很容易实现这一"幻觉"，是最危险的。

杰文斯悖论——效率提高增加环境负担

事实上还有个极为不利的悖论，那就是脱钩必须仰仗效率提高，可效率提高同时也会导致对气候危机采取措施变得更加困难。

例如，近年来，全世界对可再生能源的投资越来越多。然而，化石燃料的消耗并没有减少。对可再生能源的消费，并不是将其用作化石燃料的替代品，而是为弥补经济增长引起的能源需求缺口所进行的额外消费。

为什么会出现这种情况呢？可以用 19 世纪经济学家威廉姆·斯坦利·杰文斯（William Stanley Jevons）在其著作《煤炭问题》（1865 年）一书中所提出的"杰文斯悖论"来加以解释。

当时，技术的进步使英国能更有效地使用煤炭。但煤炭的使用并未因此减少。相反，随着煤炭价格日趋低廉，各部门使用了比以往更多的煤炭，于是消费量随之增加。也就是说，与一般所认为的效率提高会减少环境负担相反，技术进步恰恰会增加环境负担。杰文斯很早就指出了这一点。

同样的情况，今天也在发生。即使新技术的发展带来了效率提高，也常常会因为商品价格的随之下降，使得消费量有所增加。因为电视机越来越节能，人们就会去购买更大的电视机，这样一来，电力消耗反而增加了。同样的悖论也适用于汽车。SUV等大型车辆的激增使得燃油效率的提高失去了意义。新技术带来的效率提高看似推动了"相对脱钩"，最终却往往被消费的增加所抵消，变得毫无意义。

而且，即使效率提高引起了某一个部门的"相对脱钩"，因效率提高而节省的资本和收入也可能被用来生产和购买那些消耗更多能源和资源的商品，最终抵消掉了节省下的部分。因家用太阳能电池板降价而省下的钱，可能被用来坐飞机出游。如果有多出来的资金，公司必然会去寻找新的投资领域，可谁都无法确保新投资会是"绿色"的。

所以，极为讽刺的是，某个部门的"相对脱钩"，最终却会使整体的"绝对脱钩"变得困难。

市场力量无法阻止气候变化

里夫金等人的气候凯恩斯主义中，还存在另一个问题。气候凯恩斯主义专注于刺激市场，却不对其进行监管。但是，市场的价格机制对减少二氧化碳排放量可不起作用。

关于这种市场失灵的案例，我们可以参考一下"石油峰值"。人们曾经担心，当石油产量达到顶峰时，供应会下降，原油价格会上升，将对经济产生不利影响。人们反复争论这个石油峰值将在什么时候发生,会对经济产生怎样的影响。

市场原教旨主义者是这么想的。随着石油价格的上涨,可再生能源等新技术将变得相对便宜。新技术变得更便宜,就会进一步催生对可再生能源的开发。最终石油的消费量自然会减少。

然而现实却非如此。随着石油价格的上涨,资本主义开始把目光转向以前无利可图的油砂和油页岩,试图从砂岩和页岩地层中提炼原油。公司反而把价格上涨变成了赚钱良机。

或许有人会反驳说,未来进一步创新可以让可再生能源价格更便宜,使用石油就会变得不划算。事实上,杰里米·里夫金也是市场机制导致"化石燃料文明崩溃"一说的热情鼓吹者。[1]

但我们假设可再生能源迅速发展,那么在石油价格即将失去竞争力时,石油产业是否会自动停业呢?不,当然不会,它只会垂死挣扎。越是确定石油价格在未来会崩溃,人们就越会加快开采速度,抢在卖不出好价钱前把化石燃料都挖出来。

对于气候变化这样不可逆转的问题,这会是一个危险且致命的错误。因此,减少温室气体排放,必须依靠强有力的、市场以外的强制力。

---

[1] 杰里米·里夫金:《全球绿色新政:2028年前化石燃料文明会崩溃,用大胆的经济计划拯救地球生命》,几岛幸子译,NHK出版社,2020年。

富人排放了大量二氧化碳

无论如何,如果大规模的、永久性的脱钩极难实现,那么气候凯恩斯主义就无法兑现自己的承诺。即使以华丽的绿色新政纲领赢得了选举,也无法真正兑现解决环境危机的承诺。

问题其实更为错综复杂。简单来说,我们必须从根本上重新思考迄今为止支撑我们经济增长的大规模生产、消费形式本身。正因此,在2019年,有超过10000名科学家联名提出,"气候变化与富裕生活方式所引起的过度消费密不可分",必须从根本上改变现有经济体制。[1]

当然,发达国家中最富有的人通过"富裕的生活方式"排放了最多的二氧化碳。有一个令人震惊的数据,据说世界上最富有的10%的人排放了全球一半的二氧化碳。[2] 尤其是最上层的0.1%,他们开着私人飞机、跑车,坐拥无数豪宅,给环境造成极大的负担。

另一方面,底层50%的人口所排放的二氧化碳只占总排放量的10%。然而,他们却最先受到气候变化的影响。这里也清晰地体现出第一章中所说到的帝国式生活方式和外部化社会之间的矛盾。因此,要求富人带头减排的批判完全正确。这就是帝国式生活方式造成的问题。

事实上,只要将最富有的10%的人的排放量,减少到

---

[1] "Climate crisis: 11000 scientists warn of untold suffering", *The Guardian*: https://www.theguardian.com/environment/2019/nov/05/climate-crisis-11000-scientists-warn-of-untold-suffering (last access on 2020.5.15).
[2] Oxfam Media Briefing, "Extreme Carbon Inequality", December 2015.

普通欧洲人的平均水平，就可以减少 1/3 的碳排放。[1] 如果做到这点，就能为我们向可持续社会基础设施的转变赢得大量的时间。

但我也必须指出以下事实。我们这些生活在发达国家的人，绝大多数都处于排放量前 20% 的区间内。而大多数日本人甚至是属于前 10% 的。换句话说，我们作为当事人，除非彻底改变自身的帝国式生活方式，否则是不可能战胜气候危机的。

电动汽车的"真实成本"

即便如此，如果我们还是把宝压在有可能脱钩上，继续投资于绿色技术、扩大市场，以实现经济增长，又会发生什么呢？就让我们用特斯拉这类电动汽车为例来想想看。

毫无疑问，当前以汽油为动力的车辆在全世界排放了大量的二氧化碳。正因为这样，引进低碳汽车是当务之急，政府也应该为此提供积极支持。

如前文所述，如果所有的汽油车都被电动汽车所取代，就会产生巨大的新市场和诸多就业机会。那么，气候危机也好经济危机也罢，都将同时得以解决。这是气候凯恩斯主义勾勒的理想结局。然而，现实又怎会如此美好？

---

[1] Kevin Anderson, "Response to the IPCC 1.5 Special Report": http://blog.policy.manchester.ac.uk/posts/2018/10/response-to-the-ipcc-1-5c-special-report/ (last access on 2020.5.15).

电动汽车的关键零部件是 2019 年吉野彰获得诺贝尔化学奖时，全日本都在关注的那个锂离子电池。不管是智能手机还是笔记本电脑，包括电动汽车的生产都离不开锂离子电池。而在锂离子电池的制造过程中，大量使用了各种各样的稀有金属。

首先，我们当然需要锂。大部分的锂都埋在沿安第斯山脉地区。而拥有阿塔卡马盐田的智利是其最大的出产国。

在干燥地区经过漫长岁月，锂被浓缩在地下水中。因此，必须抽取盐湖下的含锂盐水，通过蒸发加以提取。也就是说，开采锂就等同于抽取地下水。

问题在于量。据说，仅一家公司每秒抽取的地下水就高达 1700 升。在一个原本就干旱的地区，抽取如此大量的地下水，必然会对当地的生态系统产生重大影响。

例如，据说以盐水中的虾为食的安第斯火烈鸟的数量正在减少。对于地下水的急速抽取，更导致当地居民可获得的淡水量的减少。[1]

总之，发达国家对气候变化所采取的措施，到头来只不过是加剧了对全球南方的开采、掠夺，以另一种有限资源来替代石油。通过空间性转嫁，这一点还不为人所见。

其次，钴也是制造锂电池所必需的。事实上，约 60%的钴都开采于刚果民主共和国这个非洲最为贫穷、政治和社会都动荡不安的国家。

---

[1] Kate Aronoff et al., *A Planet to Win: Why We Need a Green New Deal* (London: Verso, 2019), 148—149.

钴的开采很简单，就是使用重型机械和人力把它从地下挖出来。为满足全球需求，刚果开始了大规模采矿，而开采规模还有进一步扩大的趋势。不仅破坏了当地的环境，导致水污染、农作物污染等等，还破坏了当地的自然风光。

不光如此，恶劣的工作条件更是一大问题。在刚果南部，到处是被称为"Kruzers"（法语为"矿工"）的非法雇佣的奴工和童工。他们使用凿子和木槌等原始工具，以手工方式开采钴矿。这些工人中，有些是年仅六七岁的儿童，每天的工资只有一美元。

当地也没有为危险的隧道采矿作业配备足够的安全设备。工人常常要在地下度过 24 小时，边作业边吸入有毒物质，最终引起呼吸系统、心脏和精神疾病等各种健康问题。[1]最糟糕的情况是，因作业中发生事故而被活埋。更有儿童在事故中死亡或受伤，这也引发了国际社会的谴责。

在全球供应链的另一端，特斯拉自不用说，此外还有微软和苹果。这些大公司的负责人怎么可能不知道锂和钴是如何生产的？美国的人权组织都已经将他们告上了法庭。[2]然而，他们却照样若无其事地四处吹嘘用技术创新来推进可持续发展目标。

---

[1] 国际特赦组织《为生命而采矿——刚果民主共和国的侵犯人权行为和国际钴贸易》，见 https://www.amnesty.or.jp/library/report/pdf/drc_201606.pdf (last access on 2020.5.15)。

[2] "Apple and Google named in US lawsuit over Congolese child cobalt mining deaths", *The Guardian*: https://www.theguardian.com/global-development/2019/dec/16/apple-and-google-named-in-us-lawsuit-over-congolese-child-cobalt-mining-deaths (last access on 2020.5.15).

"人类世"生态帝国主义

发达国家为实现"绿色经济增长"所做的努力,结果只是把社会、自然成本转嫁给了边缘地区。第一章中详细描述了19世纪秘鲁沿海的鸟粪开采,与之相同的生态帝国主义结构仍在南美和非洲等地重演,只不过换了种形式,对象变成了稀有金属。

不单单是锂和钴。对铁、铜和铝的需求也在随着GDP的增长而不断增加。这些资源的消耗量正在迅速增长(图4)。

环境学家托马斯·维特曼(Thomas O. Wiedmann)等人就此展开研究,试图通过纠正国际贸易的影响来计算物质足迹(Material footprint,简称MF)。[1] MF是衡量被消耗的自然资源的一种指标。

该研究表明,经过修正,即便是在发达国家,也未发生MF与经济增长的脱钩。诚然,国内物质消费量(DMC)减少了,但把进口资源的MF加上的话,就会发现其实每个国家的MF增长率与实际GDP差不多。发达国家的相对或绝对脱钩只是暂时性的,近几年反而发生了GDP和MF的"再挂钩"(recoupling)现象。[2]

事实上,包括矿物、矿石、化石燃料和生物质在内的资源总消耗量,1970年为267亿吨,2017年则超过了1000

---

[1] Thomas O. Wiedmann et al., "The Material Footprint of Nations", *Proceedings of the National Academy of Sciences of the United States of America* 112, no.20 (2015): 6271—6276.

[2] Victor, *Managing without Growth*, op. cit., 109.

图 4　矿物产量的增加率

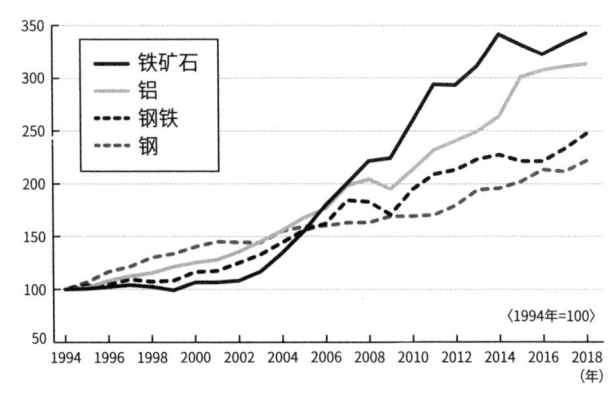

根据 US Geological Survey, National Minerals Information Center, "Mineral Commodity Summaries" (1994—2019) 的数据绘制。

亿吨。到 2050 年时，预计将达到 1800 亿吨左右。

另一方面，这些资源中被回收循环利用的只有 8.6%。考虑到资源消耗量的急速增长，回收利用率反而是在下降。有人说，发达国家通过向 ICT（信息通信技术）产业、服务业的转型，在"资本主义去物质化"方面取得了进展，但这一事实表明根本就没有发生所谓的去物质化。[1]

无论如何，有一点非常明确，那就是这种类型的经济模式是不可持续的。不仅难以实现"充分的绝对脱钩"，期待通过"循环经济"实现可持续社会的那些人的言论也是在误导。光推动回收循环利用是不够的，我们必须从根本

---

[1] *The Circularity Gap Report 2020*: https://www.circularity-gap.world/2020 (last access on 2020.5.15).

上减少对资源的消耗。

发达国家追求资本主义"绿色经济增长"的气候凯恩斯主义前景暗淡。或许在发达国家的国内真的可以实现所谓的"绿色"经济政策,然而与此同时,它们对边缘地区的掠夺也必将进一步加剧。中心地区环境保护的前提条件就在于掠夺。

技术乐观主义不是答案

还有更不妙的地方。发达国家绿色政策的有效性也值得怀疑。每个家庭拥有一辆以上的汽车,这本身就不可持续,即使它们都是电动车。而特斯拉和福特等公司的电动SUV销售计划只会强化现有的消费文化,最终导致更多的资源浪费。这就是"洗绿"的典型。

在电动汽车的实际生产及其原材料的开采中,也会使用石油燃料,并排放二氧化碳。此外,电动汽车造成了电力消耗的增加,需要安装越来越多的太阳能电池板、风力发电设备来弥补电力缺口。为此又要开采资源,制造发电设备,这样又产生了更多的二氧化碳排放量,环境自然也会遭到破坏。这就是"杰文斯悖论"。最终环境危机进一步加剧。

还有一个关键数据。根据 IEA(国际能源机构)的测算,2040 年前电动汽车的数量将从现在的 200 万辆增长到 2.8 亿辆。然而,由此得以减少的全球二氧化碳排放量,只有1%！[1]

为什么会这样？首先，改用电动汽车，并不导致二氧化碳排放量的大幅度减少。这是因为电池越大，制造过程中产生的二氧化碳就越多。

从上述考察中可知，如果把生产过程也纳入视野，那些绿色技术也就没那么"绿"了。[2] 然而实际生产状况被隐蔽，我们只是一如既往地把一个问题转嫁给另一个问题。因此，虽然我们有必要向电动汽车和太阳能转型，但把未来都托付给技术乐观主义将是个致命的错误。

然而，气候凯恩斯主义呼吁向电动汽车和可再生能源百分百转型的说辞听起来相当诱人。那是因为气候凯恩斯主义向我们许诺了一个可持续的未来，而这一未来并不需要改变我们的帝国式生活方式，也就是说，我们不需要做任何事情。用罗克斯特伦的话来说，这就是"逃避现实"。

从大气中清除二氧化碳的新技术？

通过引进电动汽车实现二氧化碳排放量的减少指望不上，"绿色增长"派只能在更厉害的技术上赌一把。如果

---

[1] Samuel Alexander and Brendan Gleeson, *Degrowth in the Suburbs: A Radical Urban Imaginary* (New York: Palgrave Macmillan, 2019), 77. 二氧化碳排放量没有下降的原因之一是发展中国家的经济发展将导致汽油动力汽车的进一步增长。
[2] 纪尧姆·皮特龙（Guillaume Pitron）：《稀有金属的地缘学——资源民族主义的未来》，儿玉纱织译，原书房，2020年，第43页。

很难减少排放，那就让我们开发技术，把二氧化碳从大气中清除出去。这种新技术被称为负排放技术（negative emissions technologies，简称NETs），意思是有助于减少二氧化碳排放量的技术。

如果NETs得以成真，"绝对脱钩"就很容易了。联合国政府间气候变化专门委员会（IPCC）所公布的《1.5 °C特别报告》（2018年），也把NETs纳入了将温度上升限制在1.5 °C到2 °C的设想中。NETs是气候凯恩斯主义所期待的大救星。

但是，正如气候学家所指出的那样，基于NETs的IPCC方案，太有问题了。[1] 本身NETs是否真能实现还是个未知数，即便实现了，估计也会引发很大的副作用。

以NETs的代表性技术BECCS（Bio-energy with Carbon Capture and Storage，生物能源与碳捕集与封存）为例。BECCS旨在通过使用生物质能（BE）实现零排放，并通过将大气中的碳捕集与储存（CCS）于大地、海洋中，从而减少二氧化碳排放量。

但是，就算BECCS真的成为现实，问题也不会轻易解决。因为，如果我们要实现"绿色增长"，就必须扩大BECCS的规模，以适应不断扩大的经济规模。

首先，在生物质能方面，需要用到大量的农业用地。

---

[1] Kevin Anderson and Glen Peters, "The trouble with negative emissions", *Science* 354, issue 6309 (2016): 182—183. 日语可阅读的批评意见可参考瓦茨拉夫·斯米尔（Vaclav Smil）《不妙的能源真相——核电，生物燃料、太阳能·风力发电、天然气哪个才是正确选择》，立木胜译，X-Knowledge出版，2012年，第五章。

据说，为了实现 2 ℃ 的目标，需要用到印度国土面积两倍左右的农业用地。我们如何确保这么多的土地呢？这个份额是否会被强加给印度、巴西等地，剥夺当地人生产粮食的用地？或者，导致人们砍伐亚马孙雨林来额外增加生物质能所需耕地呢？这样一来，等于没有减少二氧化碳排放量。

CCS 也有问题。驱动 CCS 的发电设备需要大量的水。据估计，仅仅为了给美国生产足够的电力，每年就需要 1300 亿吨水。就现在的农业而言，大量消耗水资源已经构成了问题。由于气候变化，水在未来还会变得更加珍贵，怎么可能将如此大量的水用于 CCS？而且，通过 CCS 将大量的二氧化碳注入海底，将不可避免地使海洋大幅度酸化。

简而言之，BECCS 只不过是大规模推进被马克思视为问题的"转嫁"的技术而已。

IPCC 的"智力游戏"

这里有一个值得深思的问题。为了继续使用化石燃料，浪费了这么多的自然资源，增加了那么大的环境负担，到底有什么意义？我们不是应该努力构想一个不依赖化石燃料的社会吗？怎么看，BECCS 都是一个糟糕的解决方案。

然而，IPCC 报告（AR5）中，几乎所有的 2 ℃ 计划设想里都放进了像 BECCS 这样有问题的"梦幻"技术。参与撰写报告的专家们当然知道，BECCS 并不现实。然而，他们还是不断放入这些不现实的流程，构建复杂的模型，撰写出众多设想。

也难怪罗克斯特伦会把这批判为不过是学者们的"智力游戏"。这些高层次的专家本不该把宝贵的时间浪费在这上面,而是用在启发公众思考要阻止危机真正需要做些什么、好好向政治家和官僚解释为什么需要采取更为大胆的措施。

指出这一点后,可能有人会觉得不可思议,为什么IPCC会陷入如此简单的自相矛盾之中呢?原因很简单,IPCC的模型以经济增长为基础,所以陷入了"经济增长的陷阱"之中。只要拘泥于经济增长这一前提,就只能依赖像 NETs 这样的技术。

"通往灭亡的道路都是由善意所铺就"

通过上述讨论可以清楚看到,确实有必要引进电动汽车、转向可再生能源,但如果这一切只是为了维持现有的生活方式,就很容易被资本的逻辑所左右,陷入"经济增长的陷阱"之中(参照本章"经济增长的陷阱"一节)。

为了避免踏入陷阱,我们必须告别把"拥有汽车"与"个体独立"挂钩的消费文化,减少对商品本身的消费。即使要借助新技术的力量,也必须先对资本主义本身进行大规模改造。所以光靠气候凯恩斯主义是不够的。

为了避免误解,最后让我再重复一遍,通过绿色新政等政策对国土改造进行重大投资是必不可少的,也必须逐步转向太阳能发电和电动汽车,以及采取大胆的财政政策扩充公共交通并使之可免费使用，修建自行车道和带有太阳能发电板的公共住房等。

但光做这些还不够。听起来可能很矛盾，但绿色新政的真正目标，应当是缩小经济规模、进行经济减速，而非拘泥于通往毁灭的增长。

应对气候变化的措施本就不是促进经济增长的一种手段，阻止气候变化才是真正的目的。这样一来，越有决心放弃比今日更高的经济增长目标，就越有可能实现真正的目的。这也将缓解智利和刚果等地因锂、钴开采所引发的一系列问题（当然，仍然会有环境破坏）。

因此，对于旨在实现无限经济增长的绿色新政，我只能说"通往灭亡的道路都是由善意所铺就"。[1]

去物质化社会的神话

上述观点，无疑会让许多读者感到刺耳。但罗克斯特伦并不是唯一得出这种观点的人。比尔·盖茨所钟爱的历史学家瓦茨拉夫·斯米尔（Vaclav Smil）[2]在其出版于2019年的《增长》一书中，明确表达了自己的立场。他说："持续的物质增长是（中略）不可能的。去物质化（Dematerialization）——用更少的资源做更多的事的承

---

[1] 来自巴塔哥尼亚（Patagonia）的电影 *Artifishal* 的副标题。
[2] 瓦茨拉夫·斯米尔：加拿大曼尼托巴大学杰出荣休教授，科学家，历史学家，政策研究者。在能源、环境、食品、人口、经济、历史和公共政策等方面均有突出建树，主要作品有《增长》《巨变》《美国制造》《能源神话与现实》《石油简史》等。——译者

诺——也无法去除这种制约。"[1]

正如斯米尔指出的那样，向服务部门进行经济转型并不能解决问题。例如，尽管休闲活动是非物质的，然而根据估算，休闲活动产生的碳足迹也占到总量的25%。[2]

杰里米·里夫金所颂扬的基于物联网（Internet of Things，简称IoT）的、发达的信息经济也无法解决问题。现代资本主义看似增加了脑力劳动的比例，创造了一个貌似去物质化的经济体系，但实际上，计算机和服务器的制造与运行，消耗了大量的能源和资源。云化也是如此。基于IoT的"认知资本主义"[3]与去物质化、脱钩也相距甚远。简而言之，这就是个"神话"。

弗里德曼也好，里夫金也罢，最终都没有对这些问题给出令人信服的答案。他们只谈好处，对那些不利的事实则完全保持沉默。

气候变化可以被阻止吗？

于是大家会不由怀疑，绿色新政的倡导者是否真的想

---

[1] Vaclav Smil, *Growth: From Microorganisms to Megacities* (Cambridge, MA: The MIT Press, 2019), 511. 在接受《卫报》采访时，斯米尔明确表示："增长必须结束。"具体参见：https://www.theguardian.com/books/2019/sep/21/vaclav-smil-interview-growth-must-end-economists (last access on 2020.5.15)。请将斯米尔的论点（有大量的数据支持）与里夫金、诸富彻在《资本主义的新形态》（岩波书店，2008年）中关于"去物质化"和"脱钩"的乐观看法进行比较。
[2] Jackson, *Prosperity without Growth*, op. cit., 143.
[3] "认知资本主义"一词最早出现于2001年，用来指称20世纪70年代以来持续的技术创新与知识经济相结合所形成的资本主义阶段。——译者

阻止气候变化。因为绿色新政可能并不是为了"阻止"或"减缓"气候变化，而是通过"适应"一个温度上升3℃的世界来实现经济增长。这种"适应"战略需要与NETs和核电等相配套。

而这正是美国著名环境智库"突破研究所"（Breakthrough Institute）所倡导的方案。这更是看重"适应"气候变化的史蒂芬·平克（Steven Pinker）[1]、比尔·盖茨等人的共识。

但是，这种"适应"在本质上只是一种以气候变化已经无法被阻止为前提的应对方案。明明还有可能，现在就放弃是不是太早了？我们难道不应该尽一切可能，把能做的先做完吗？

这种改变的衡量标准常被设定为将生活规模缩小到20世纪70年代末的水平。[2] 也就是说，日本人不能为了在纽约呆上3天就坐上飞机，也不能在上市当天就喝到空运而来的博若莱新酒（Beaujolais Nouveau）。但这会给实际生活带来多大影响呢？与全球平均气温上升3℃相比，只是一点点小变化而已。一旦气温上升3℃，法国将无法生产葡萄酒，我们可永远都喝不到它了。

当然，我们都知道，这种降低生活水平的未来设想不会是一个具有吸引力的政治选项。但是，如果对这一事实

---

[1] 史蒂芬·平克：著名的加拿大-美国实验心理学家，认知心理学家和科普作家。——译者
[2] 娜奥米·克莱恩（Naomi Klein）：《这将改变一切——资本主义 vs. 气候变化（上下）》，几岛幸子、荒川雅子译，岩波书店，2017年，上册，126页。

视而不见，仅仅为了赢得选举而坚持那些容易被人接受的"绿色经济增长"政策，那么无论其出发点多好，都只是打着环保旗号的"洗绿"行为而已。

这种逃避现实的行为将比以往任何时候都更加强化帝国式生活方式，加剧对边缘地区的剥削与压迫。如果我们继续这么干下去，不久就会得到报应。

"去增长"选项

如果放弃逃避现实的"绿色经济增长"，等着我们的将是许多艰难的抉择。我们对减少二氧化碳排放量到底有多认真？谁来承担这些成本？发达国家将为其一直以来的帝国式生活方式，向全球南方提供多少赔偿？如何处理在向可持续经济转型途中加剧的环境破坏问题？

答案并不容易找到。本书试图提出的一种选项，那就是"去增长"。当然，即便选择了去增长，也不意味着一切问题都将迎刃而解，也有可能依然无法赶上时限要求。尽管如此，为了避免最坏的情况发生，去增长是决不能放弃的理念。在接下来的章节中，我将尝试对此进行说明。

当然，首先需要说明的核心问题是，我们应该以什么样的去增长为目标。

第三章
直击资本主义制度下的去增长

从经济增长到去增长

在第二章中我们已经看到,既要维持经济增长,又要以足够快的速度减少二氧化碳的排放量,几乎不可能。脱钩是困难的。那么,唯一的出路就是放弃经济增长,认真考虑将去增长作为应对气候变化问题的真正支柱。那么,我们需要什么形式的去增长呢?这就是本章的主题。

但首先,让我们弄清楚一件事。世界上有数十亿人无法获得电力或安全的水,无法获得教育,无法获得足够的食物。对他们来说,经济增长当然是必要的。

这就是为什么在发展经济学领域,一直主张经济增长才是解决南北问题的关键,相关机构也提供了各种形式的发展援助。我完全不想否认它的良好意图和重要性。

然而,基于经济增长的发展模式正在走向死胡同。对世界银行和国际货币基金组织(IMF)的批评之声也确实越来越大。[1]

凯特·拉沃斯（Kate Raworth）是这些批评者中尤其受到欧美关注的一员。她是政治经济学家，为国际发展援助非政府组织（NGO）乐施会工作多年。长期致力于南北问题研究的她批评了主流经济学派，并站出来力挺去增长。

本章要探讨在"人类世"时代需要什么样的去增长，我想从拉沃斯的观点开始谈起。

甜甜圈经济——社会基础和环境上限

拉沃斯的出发点是，"在地球的生态限度内，经济发展到什么程度，全人类才有可能繁荣"。她用来回答这个问题的概念是"甜甜圈经济"（图5）。

从图中可以看出，甜甜圈经济的内圈代表"社会基础"，外圈代表"环境上限"。

首先，只要人们生活在水、收入和教育等基本"社会基础"不足的状况下，就不可能繁荣。缺乏社会基础意味着人们缺乏实现自由和美好生活的"潜力"所需要的物质条件。如果人们不能充分发展自己的潜力，"公平"社会就永远无法实现。这就是发展中国家的人们今天所处的

---

[1] 具有代表性的批评有 Jason Hickel, *The Divide: A Brief Guide to Global Inequality and its Solutions* (London: Windmill Books, 2018)。从生态学角度的批评，见赫尔曼·E. 戴利（Herman E. Daly）：《可持续发展的经济学》，新田功等译，美铃书房，2005年，第8页。

图 5 甜甜圈经济概念图

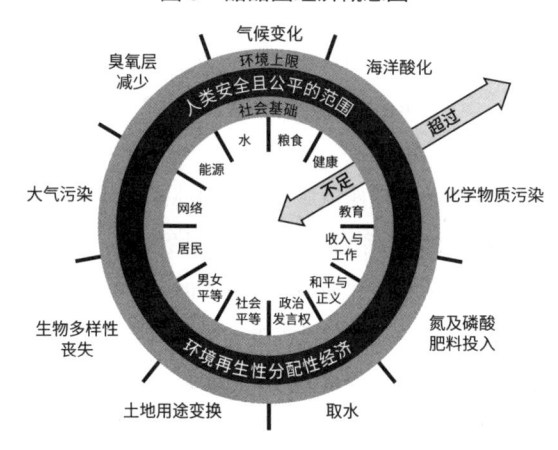

根据凯特·拉沃斯《甜甜圈经济学拯救世界》绘制。

状况。

然而，要发挥我们的潜力，就不能自管自地随心所欲。可持续性对于我们后代的繁荣不可或缺。为了这种可持续性，我们这一代人就必须在一定的限度内生活。这就是我们在第二章中所看到的基于行星边界理论的"环境上限"，或者用甜甜圈术语来说，就是外圈。

拉沃斯的基本观点简单说来，就是设计出一个能够让尽可能多的人处于这一上限和下限之间的全球经济体系，那么我们就能实现一个公平的可持续社会。[1]

但是，至今我们已经多次确认过，今天发达国家的人的生活已经远远超出了行星边界。另一方面，发展中国家的人则被迫在缺乏社会基础中生活。现在的体系不仅严重

---

[1] 凯特·拉沃斯：《甜甜圈经济学拯救世界：为了人类和地球的范式转换》，黑轮笃嗣译，河出书房新社，2018年，第55—64页。

破坏了环境，更是不公平的。

纠正不公平现象需要什么？

拉沃斯提出的问题造成了极大的冲击，引发了超越政治经济学的跨学科研究。环境经济学家丹尼尔·奥尼尔（Daniel W. O'Neill）和他的团队进行的定量研究便是其中之一。这项研究使用了拉沃斯的"甜甜圈经济"概念，测量了大约150个国家的具体数字，揭示了有多少国家生活在这个甜甜圈中。[1]

然而，根据这项着眼于生活质量和环境负担之间相关性的研究，我们可以看出满足社会阈值的项目越多，就越容易超过行星边界。除了越南之外，大多数国家都以牺牲可持续性为代价来满足其社会需求。

这是一个非常糟糕的事实。以现有的发达国家为范本，向发展中国家提供发展援助以达到社会阈值，这种做法会带着整个地球走向毁灭。

然而，根据拉沃斯的说法，即使需要消耗更多的资源和能源，实现公平的额外成本也比一般假设的要低很多。

例如，在食物方面，只需将目前的卡路里供应总量增加1%，就可以使8.5亿人免于挨饿。据估计，今天有13亿人无法使用电力，为他们提供电力也只会增加1%的二氧化碳排放量。有14亿人每天生活在1.25美元以下，要

---

[1] Daniel W. O'Neill et al., "A good life for all within planetary boundaries", *Nature Sustainability* 1 (2018): 88—95.

终结其贫困，只需重新分配世界收入的 0.2% 即可。[1]

此外，拉沃斯没有指出的一点是，民主可以在不增加环境负担的情况下实现这一切。

经济平等同样如此。在减少对军队和石油工业等补贴后进行重新分配，就不会产生额外的环境负担。环境反而会得到改善。

正如这些探讨所显示的那样，即便不坚持经济增长、不进一步破坏环境，也可以一定程度上纠正南北之间存在的显著差距与不公平。

经济增长和幸福度之间是否存在关联？

拉沃斯提出的另一个重要观点是，在到达一定水平后，经济增长与人们生活的改善之间就不再有明确的关联。超过一定的经济水平之后，靠经济增长就能带来社会繁荣这一前提就不再那么明确。

通过对比美国和欧洲国家，很容易理解这一点。许多欧洲国家，如德国、法国和斯堪的纳维亚半岛，其人均 GDP 低于美国。然而，社会福利的总体水平却高得多，有些国家还提供免费的医疗服务和高等教育。另一方面，在

---

[1] Kate Raworth, "A Safe and Just Space for Humanity", *Oxfam Discussion Paper* (2012), 19. 然而，有人可能会说，1.25 美元 / 天的贫困线太低了。拉沃斯给出的数字是 2012 年的，世界银行后来将贫困线修改为 1.9 美元 / 天。当然，有人批评说这还不够，除非将贫困线提高到 10 美元 / 天，否则就没有意义。当然，贫困线越高，解决问题所需的额外环境负担就越大，实现甜甜圈经济也就越困难。

美国，有许多人因为没有保险而负担不起医疗费用，也有人苦于难以还清的学生贷款。

我来举个我们身边的例子。日本的人均GDP比美国低得多，但日本人的平均预期寿命却比美国人高6岁左右。[1]

总之，一个社会的繁荣程度取决于它如何组织其生产和分配，以及如何分配其社会资源。无论经济如何增长，如果增长的成果仅被少数人所独占而不进行再分配的话，大多数人将无法发挥自身潜力，变得不幸。

反过来说，这意味着哪怕没有经济增长，只要妥善分配现有资源，社会也可能变得更加繁荣。

因此，我们必须更认真地思考，在资本主义制度下，资源的公平分配是否能得以恒久实现。

公平分配资源

然而，困难在于，资源的公平分配不仅仅是一个国内问题。我们面临着一个非常大的问题，那就是如何才能同时实现全球公平和可持续性？

请不要把这个问题误解为虚伪的说辞。正如气候变化问题所显示的那样，地球是一个整体，世界相互联结。发达国家为了继续浪费资源、维持本国产品的销售，要求发展中国家也走同样的经济发展道路，而这怎么看都是不可

---

[1]《按性别排列的世界预期寿命排名，WHO 2018年版》，*MEMORVA*: https://memorva.jp/ranking/unfpa/who_whs_life_expectancy.php (last access on 2020.5.15)。

持续的。

如果不是整个世界都向"公平的可持续社会"转型，地球最终依然会变得不适合居住，发达国家的繁荣也将受到威胁。

话虽如此，那些迄今为止还没有触及甜甜圈经济内圈的人们，他们的生活水平必须得到提高。这将导致全世界物质足迹总量的增加。现下有许多领域已经超过了行星边界的阈值，所以这一增加将是致命的。

因此，发达国家耗费大量能源去寻求进一步的经济增长显然是不合理。要是经济增长还不能带来幸福感的大幅提升，那就更不合理了。

如果把同样的资源和能源用于全球南方，生活在那里的人们的幸福感将得到大幅提升。所以我们不应该把碳预算（Carbon Budget，可排放二氧化碳量）留给他们吗？

"目前遭受饥饿折磨的 10 亿人就继续受苦吧""后代因全球环境恶化而受苦什么的与我何干"——你若是持这种立场另当别论，但我们并非如此。所以，发达国家不是更应该放弃经济增长，认真思考如何主动减少物质足迹吗？

正因如此，拉沃斯和奥尼尔都得出了一个结论，那就是我们应该认真考虑向"去增长"或"稳态经济"[1]转型。[2] 本书完全同意他俩到此为止的探讨。

---

[1] 稳态经济：人口与财富维持稳定状态，并且人类的累计生命和物质资本存量持久利用最大化的经济。——译者
[2] O'Neill et al., "A good life for all within planetary boundaries", op. cit., 92.

资本主义不能实现全球公平

然而，拉沃斯和奥尼尔的探讨中有一个决定性的重大疑点，就是他们从不涉及资本主义制度问题。由此也可窥见现有的去增长派试图回避资本主义问题的态度。而问题的根本恰恰在于在资本主义制度下，资源的公平分配能否得以恒久实现。

然而，就全球公平而言，资本主义是一个完全无效、毫无用处的东西。正如我们在第一章和第二章的考察结果所显示的那样，依靠外部化和转嫁的资本主义是无法实现全球公平的。放任不公平现象的存在，最终只会拉低整个人类的生存概率。

再重复一遍。在环境危机时期，我们的目标不应该是只让自己活下去。因为地球只有一个，即便争取到了一些时间，但我们最终还是逃无可逃。

我们日本人中的多数收入都排在世界的前10%至20%中，眼下我们的生活看上去很安逸。但继续这样生活下去的话，全球环境危机将进一步加剧。到那时，也只有前1%的超级富豪才能维持现在这样的生活。

因此，全球公平不是一种抽象的、虚伪的人道主义。在我们抛弃他人之前，先换位思考一下，想想明天轮到的其实就是我们自己。为了我们自己可以最终得以生存，就必须建设一个更为公平的可持续社会。这将最终拉高人类整体的生存概率。

因此，生存的关键是"平等"。

未来的四种选项

以"平等"为基础设想一下在"人类世"时代,可供我们选择的未来会是怎样的呢?我们先来俯瞰一下。

图6中的横轴代表平等,越往左,越是平等,越往右,越是认可自己负责论。纵轴显示了权力的强度,越往上国家权力越强,越往下则越强调人们的自发互助。

首先,让我们分别看看未来的这四种选项。[1]

① 气候法西斯主义

继续强烈期望维持现状,坚持资本主义和经济增长,不做任何改变,最终气候变化将引起巨大的损失。在不远的将来,许多人将无法维系正常生活。也会有许多人失去自己的家园,成为环境难民。

少数非常富有的人除外。灾难资本主义[2]会把环境危机变成一个商业机会,给他们带来比现在更多的财富。国家则会保护这些特权阶级的利益,严格取缔那些威胁秩序的环境弱势群体和难民。这是第一种未来——"气候法西斯主义"。

② 野蛮状态

随着气候不断发生变化,环境难民的数量增加,粮食

---

[1] Joel Wainwright and Geoff Mann, *Climate Leviathan: A Political Theory of Our Planetary Future* (London: Verso, 2018) 也讨论了未来的四种选项。
[2] 娜奥米·克莱恩在《休克主义:灾难资本主义的兴起》(*The Shock Doctrine: The Rise of Disaster Capitalism*)中提出的概念,指私人财团与政治权力结盟,以新自由主义为思想旗帜,利用战争、政变,乃至自然灾害造成的休克状态,实行激进彻底的自由市场与私有化政策,其结果并未带来民主与繁荣,反而加剧社会断裂,置人民于悲惨处境。——译者

生产也将变得不可持续。结果遭受饥饿和贫困之苦的人们奋起反抗。1% 的超级富豪与剩余 99% 的人之间展开权力斗争，最终后者获胜。民众的反抗导致强权统治体制的崩溃，世界陷入混乱之中。人们不再相信统治机构，只为自己的生存而行动。于是回到了霍布斯的"自然状态"，也即"所有人对所有人的斗争"之中。这是第二种未来——"野蛮状态"。

③ 气候权威主义

于是，为避免社会陷入最坏的"野蛮状态"，人们要求有一种治理形式。缓和"1% vs. 99%"这一贫富差距所引起的冲突以避免"野蛮状态"，并采取自上而下的气候变化管理措施。摒弃自由市场和自由民主的理念，成立一个中央集权的专制国家，有可能推动更"有效"、更"平等"的气候变化措施。我把这称为"气候权威主义"。

④ X

应该也有同时抵制专制的国家主义和"野蛮状态"的尝试。不依赖于一个强大的国家，人们自发开展民主互助实践来应对气候危机。这种可能并非不存在。那会是一个公平、可持续的未来社会。在此，姑且把它称为 X。

从迄今为止的讨论中可以看出，本书真正推崇的是最后一种未来。这一选项是人类既能保留自由、平等、民主，又能生存下去的最后机会。接下来，本书将揭示这个 X 究竟是什么。

图6 未来的四种选项

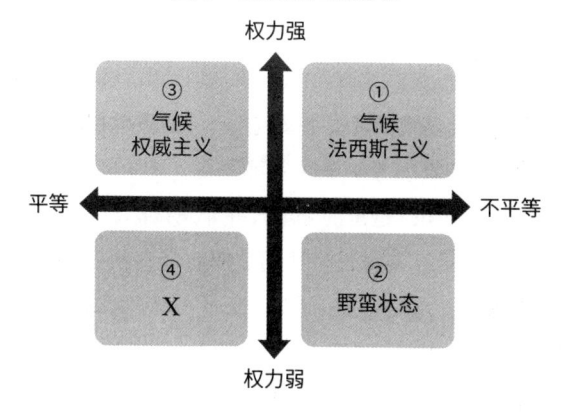

```
              权力强
               ↑
    ③         │         ①
   气候        │        气候
 权威主义      │     法西斯主义
               │
平等 ←─────────┼─────────→ 不平等
               │
    ④         │         ②
    X         │       野蛮状态
               │
               ↓
              权力弱
```

为什么在资本主义制度下无法实现去增长？

我们并不是对 X 毫无头绪。事实上，我们已经有了一个线索，那就是"去增长"。

为什么去增长是克服环境危机的必要选择呢？我们从迄今为止的讨论中应该已经看到了原因所在。在第二章中，我们了解到，"绿色经济增长"路线无法维持能让我们所有人生存下去的地球环境。脱钩是一种"幻觉"，不管是否冠以"绿色"，经济增长都将不可避免地增加环境负担。寻求经济增长的政策，并不会带领我们走出气候变化所代表的全球环境危机。

所以我们需要一种与气候凯恩斯主义不同的新合理性，也就是一个不依赖经济增长的经济体系，而去增长是一个相当可行的选项。这也是拉沃斯们的结论。去增长，就是一个给已然走过头的资本主义踩刹车，并创建一个将人和自然放在首位的经济的工程。这个可以有。这就对了。

但是，既要维持资本主义制度，又要去增长，可能吗？来，让我们认真思考一下这个问题。

下文将说明，这里的去增长并非是拉沃斯等人所考虑的那种不彻底的去增长。他们试图对新自由主义进行修正，驯服资本主义，并在资本主义下实现去增长。但是破坏全球环境的罪魁祸首就是追求无限经济增长的资本主义制度本身。是的，资本主义正是气候变化等各种环境危机的原因所在。

资本主义为了价值增殖和资本积累不断开辟市场。在这一过程中，不仅掠夺了自然和人，还把环境负担转嫁到外部世界。正如马克思所说，这一过程是个"无限"运动。为了提高利润，绝不能停止经济增长。这就是资本主义的本质。

为此，资本会不择手段。对资本主义而言，甚至连气候变化等不断加剧的环境危机都是能让其获利的大好机会。森林火灾越多，火灾保险越好卖。更多的蚱蜢，就需要更多的杀虫剂。负排放技术是资本的商机，哪怕其副作用会侵蚀地球。这就是我们所说的灾难资本主义。

即使危机进一步加深，越来越多的人遭受痛苦，资本主义仍将发挥其适应任何情况的韧性，继续寻找获利机会，直到最后一刻。哪怕环境危机就在眼前，资本主义也不会自行踩刹车。

如果继续这么下去，资本主义将彻底改变地球表面，导致地球环境让人无法生存。这就是"人类世"时代的终点。

所以，我们必须动真格，跟追求无限经济增长的资本主义相抗争。如果我们不亲手制止资本主义，人类的历史就会终结。

正如第二章所说的那样，气候危机措施的指标之一是将生活水平降低到20世纪70年代末的水平。于是，可能会有人以此反驳说，那时候也是资本主义啊，"70年代的资本主义"不就足以让我们摆脱环境危机吗？

但恰恰是在20世纪70年代，资本主义陷入了严重的系统性危机。为了克服这一危机，全球范围内引入了新自由主义的一揽子政策。新自由主义提倡私有化、放松管制和紧缩政策，扩大金融市场和自由贸易，为全球化铺平了道路。那是资本主义续命的唯一方法。[1]

因此，我们不可能回到"70年代的资本主义"。即使我们回去了，追求资本自我增殖的资本主义也不会留在原地。如果停留原地，停止追逐利润，资本主义就会陷入系统性危机中。然后不得不走上老路，最终环境危机又加深了。

所以，面对环境危机，可以遏制经济增长的唯一方法就是用我们自己的双手阻止资本主义，向去增长型的后资本主义进行大转型。

---

[1] 沃尔夫冈·施特雷克（Wolfgang Streeck）：《赚取时间的资本主义：我们能把危机推迟多久?》，铃木直译，美铃书房，2016年，第55—56页。

为什么贫困会持续存在?

不过无论我怎么解释"去增长"是克服危机的必要选择,想必还是会有许多读者拒绝接受。

很多人会说,一听到"去增长"这个词,脑海里不就会立刻浮现出"清贫"一词吗?只有那些不知世上劳动人民疾苦的有钱人,才会轻轻松松地鼓吹清贫。没有宏观增长,用于再分配的蛋糕就不会变大,财富就不会流向穷人,也就是说,不会有滴漏效应。

这些批评有它正确的地方。现在的体系,本身就是以经济增长为前提所做的制度设计。在这样的社会中,增长一旦停止,悲剧自然会降临。

但有一个问题。既然资本主义已经发展到如此程度,那为什么生活在发达国家的大多数人仍然"贫穷",这难道不奇怪吗?

付掉房租、通信费、交通费、聚餐费后,工资也就空了,于是只能拼命地削减食物、服装、人际交流的开支。这样拿着只能勉强维持生计的低工资,背着学生贷款、房贷,却仍要每天勤奋工作的状态,不是清贫是什么?

究竟经济要增长到怎样的地步才能实现人人富裕?为了经济增长所推行的"伴随阵痛"的结构改革、量化宽松政策,结果却不断拉低劳动分配率,扩大贫富差距(图 7)。以牺牲自然为代价的经济增长还能持续多久呢?

图 7 各国劳动分配率的降低

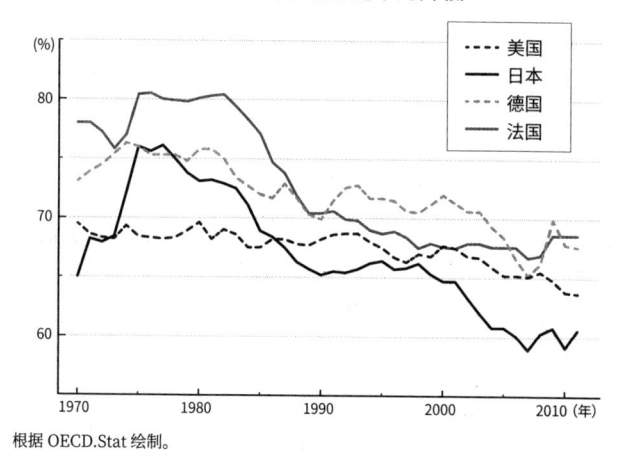

根据 OECD.Stat 绘制。

日本的特殊情况

在日本，明知追求经济增长存在如此之多的不合理性，去增长理论却还是不受欢迎。这和日本自身的一些特殊情况也有关联。在日本社会中有这样一种鲜明的成见，认为去增长是那些受益于经济快速增长而无后顾之忧的婴儿潮一代[1]所鼓吹的"漂亮话"。他们在年轻时享受到了经济增长的成果，一退休却转而开始提倡"日本经济就应该这样慢慢衰退"，而这激起了身处就业冰河期的年轻一代的激烈反对。两代人之间的"代理战争"时有爆发，比如上野千鹤子和北田晓大这对师徒间的代际辩论。[2]

---

[1] 日语原文为"团块世代"，通常指日本二战后首次"婴儿潮"（1947年至1949年）期间出生的日本人。——译者
[2] 参见刊登在2017年2月11日的《中日新闻》早报"思考广场"栏目中的上野千鹤子的发言。

于是，在日本，"去增长 vs. 经济增长"这一事关人类生存的冲突，被矮化成了经济上受益的婴儿潮一代与贫困的冰河期一代之间的冲突。而去增长又跟"紧缩"政策捆绑到了一起。

为了对抗婴儿潮一代的去增长理论，通货再膨胀学派和 MMT（现代货币理论）等世界上最先进的"反紧缩"思想被引入，并获得了就业冰河期一代的支持。

把人们的生活放在首位的反紧缩当然是非常好的设想。但在日本关于反紧缩的辩论中，缺少了一个至关重要的视角，那就是气候变化问题，也就是本书的主题。

在前一章也提到过，美国的伯尼·桑德斯、英国的杰里米·科尔宾是最早采取反紧缩立场的知名人物，而他们反紧缩政策的核心之一是绿色新政，也就是通过改造基础设施，改变生产方式，来应对气候变化。然而，当他们的反紧缩政策被引入日本时，气候变化的视角却被完全遗漏了。最终，日本经济话语中的"反紧缩"，相比以货币宽松政策和财政刺激不懈追求资本主义经济增长的传统理论，也没好到哪里去。

批判资本主义的 Z 世代

另一方面，在海外支持桑德斯等人的"左翼平民主义"是千禧一代和 Z 世代，他们甚至比日本的反紧缩倡导者还要年轻。他们最鲜明的特征是有着极强的环保意识，对资本主义持批判态度，甚至被称为"左翼一代"。事实上，有民意调查显示，在美国，超过一半的Z世代对社会主义持有肯定性看法，超过对资本主义的支持。[1]

正如人们常说的那样，出生于20世纪90年代末至21世纪初的Z世代，是数字原生代（Digital Native）。他们能自由地使用最新技术，与世界各地的伙伴相联系，这也培育出他们的世界公民意识。

最重要的是，年轻一代在成长过程中，实际承受了新自由主义推动的放松管制和私有化所带来的恶果，如日益严重的不平等与环境破坏等。如果任由资本主义这样持续下去，不仅看不到任何光明的未来，最终还不得不为大人们的所作所为擦屁股，他们对此感到绝望与愤怒。

所以，Z世代会以世界公民的自觉，尝试改变社会。而格雷塔可以说是Z世代的标志性人物之一。事实上，Z世代非常坦率地接受并支持她那样的独特个性，认为这是多样性的一种体现。

日本的反紧缩倡导者们可能无法直观地理解这种感觉。然而，Z世代和千禧一代却是"左翼平民主义"最热心的支持者。

所以桑德斯和科尔宾的"反紧缩"中并不采用诸如依靠经济的不断增长，创造就业机会、重新进行分配这样的论调。相反，他们举起了反资本主义旗帜。只提经济增长路线的话，就会被看作是对托马斯·弗里德曼等人提倡的以商业为导向的"绿色经济增长"的迎合，立刻就会失去

---

[1] Frank Newport, "Democrats More Positive About Socialism Than Capitalism" *Gallup*, August 2018. https://news.gallup.com/poll/240725/democrats-positive-socialism-capitalism.aspx (last access on 2020.5.15).

千禧一代和 Z 世代的支持。[1]

这种对气候变化和资本主义的不同态度,也影响了日本和欧美国家中去增长的相关话语。在欧美,出现了通过解决气候变化问题来超越资本主义制度的要求。去增长也发展成为新一代人的理论。

落伍的日本政治

日本人对气候变化问题的关心远不如欧美,而去增长又与"婴儿潮一代""失去的 30 年"捆绑在一起,于是形成了去增长是老一代的理论这种刻板印象,而且根深蒂固。因此,虽然这些年世界各地都出现了各种新的去增长理论,却一点都没有被引进到日本。[2]

如此一来,我们会被世界潮流甩在后面。这里最大的弊端在于政治可能性空间会变得狭窄。这在目前的日本社会中极为明显。

把这个问题放在整个世界经济中来考察,就容易理解了。只要经济持续增长,更多人获得相关利益的分配,那么人们就会感到满足,社会就会稳定。可是在"人类世"时代,经济增长变得越发困难,经济不平等加剧,环境问

---

[1] 事实上,伊丽莎白·沃伦曾试图以中庸的绿色新政赢得选举,但最终失败。一个不彻底的解决方案不可能赢得左翼一代的支持。关于左翼一代的更多信息,可以参考 Keir Milburn, *Generation Left* (Cambridge: Polity, 2019)。

[2] 关于新一代探讨的有益总结,可以参考 Giacomo D'Alisa et al. (ed.), *Degrowth: A Vocabulary for a New Era* (London: Routledge, 2015)。

题变得更加严重。

正因如此，强调直接行动的"革命式"环境运动会在各国抬头。英国的"反抗灭绝"（Extinction Rebellion）、美国的"日出运动"（Sunrise Movement）等抗议运动出现，参与者都不怕被逮捕，采取了占据等直接行动。普通市民、学生，甚至好莱坞演员、奥运会金牌得主都加入其中。他们的声音正在动摇当前统治阶层的合法性，新的政治可能性正呼之欲出，其中也包含着超越资本主义的潜力。

相反，如果日本的自由主义左派对越发严重的气候危机视而不见，止步于再次追求经济增长的话，反紧缩派最终只会停留在气候凯恩斯主义的档次，沦为资本主义的稳定器。

正是气候危机的时代，为我们打开了让更具革命性的大胆政治成为可能的大门。但是，我们非但没有释放想象力去设想一个不同的社会，反而一如既往地一味追求破坏环境的经济增长。

长此以往，几十年后，只有日本还在继续排放大量的二氧化碳。在全球"左翼一代"掌权的未来，其他国家最多把我们当作一个三流国家。

老一代的去增长理论的局限性

那么，为什么老一代的去增长理论不行呢？那是因为老一代的去增长理论乍一看是在批判资本主义，但最终还是接受了资本主义。如果在资本主义框架内讨论"去增长",就不可避免地被"停滞""衰退"等负面形象所笼罩。

这种局限性与老一代的去增长理论盛行时的历史背景有关。那就是苏联解体。正如著名的第一代去增长论代表法国人塞奇·拉图什(Serge Latouche)所说,苏联解体后,马克思主义已被许多人认为是以"不可能回归的过去"为目标的空想主义。[1]在这种情况下,去增长可以说是重建自由主义左派的一种尝试。

进一步来说,以拉图什为代表的老一代去增长派,追求的是一个既不右也不左的对策。因为"自然"被视作与左右、贫富无关的具有普遍性的问题。因此,老一代去增长派并不寻求超越资本主义,甚至应该说他们从一开始就不愿意讨论这一框架。

日本的去增长乐观论

日本的情况也是如此,老一代去增长派并不寻求超越资本主义。例如,为"稳态社会"概念在日本的传播做出巨大贡献的广井良典就把"稳态社会"定义为"可持续的福利国家/福利社会"。他说:

> **首先需要澄清一点,笔者所设想的稳态社会这一社会形式,并不全盘否定"市场经济"或"追求私利"。换言之,稳态社会并不等于社会主义(共产主义)经济制度。**

---

[1] 塞奇·拉图什:《没有经济增长的社会发展是可能的吗?——"去增长"和"后发展"经济学》,中野佳裕译,作品社,2010年,第246页。

(中略)它是一种已经超越了"资本主义 vs. 社会主义""自由 vs. 平等"的传统二元对立的社会理念。[1]

社会经济学家佐伯启思不仅宣称"社会主义这条退路已不复存在",由此排除了社会主义这一选项,更进一步说道:

在这场经济竞赛、增长竞赛中,如果各国货币管理部门为迫使增长加速而制造出过高的流动性的话,金融市场就会越发不稳定,最终导致泡沫乃至经济崩溃。(中略)而去增长几乎是确保资本主义长期稳定存续的唯一方法。[2]

按照广井、佐伯的说法,去增长理应既能保持资本主义市场经济,又能阻止资本的增长。走过头的资本主义是个问题,但在苏联解体后,也不应该拘泥于"社会主义"。让我们用社会民主主义福利国家政策重新驯服新自由主义的市场原教旨主义吧,再加点可持续发展的理念,然后我们就可以向去增长、稳态社会转型。

如果他们是对的,就没有必要从根本上改变劳资关系、私有制、市场的逐利竞争等。在成熟的发达社会中,物质消费已经趋于饱和,只需要进行适当的制度设计和激励措施即可。然后,人们就会积极地自发参与追求市场利润以外的各种社交和公共性活动。

---

[1] 广井良典:《稳态社会——新"富裕"构想》,岩波书店,2001 年,第 162—163 页。
[2] 佐伯启思:《与经济增长主义的诀别》,新潮社,2017 年,第 32 页,第 79 页。

去增长新论的出发点

但这种乐观的预测是错误的吧？这个疑问就是新一代的去增长理论的出发点。去增长新论的态度是，苏联确实不在我们的考虑范围内，但是把资本主义和去增长做一折中也不对，还是需要对资本主义发起挑战。

我想引用一下斯洛文尼亚的马克思主义哲学家斯拉沃热·齐泽克（Slavoj Žižek）的观点来进行说明。他对斯蒂格利茨（Joseph E. Stiglitz）的批评同样适用于老一代的去增长理论。

诺贝尔经济学奖获得者约瑟夫·斯蒂格利茨因对过度的全球化、当前财富的分配不均和大公司主导市场的严厉批判而闻名。但是，齐泽克认为斯蒂格利茨所提出的"进步资本主义"（progressive capitalism）这一解决方案依然存在问题。

斯蒂格利茨谴责人们对自由市场的迷信，认为要实现一个公平的资本主义社会，就必须提高工人的工资，对富人和大企业征税，进一步强化对垄断的禁令。[1] 他说，只要通过民主投票改变法律和政策，经济增长就能得到恢复，人人都能成为富裕的中产阶级。这种"进步"的资本主义是有可能实现的。

但是，齐泽克提出了疑问，光靠改变法律和政策真的能驯服资本主义吗？如果提高公司法人税、增加社会保障

---

[1] 约瑟夫·斯蒂格利茨：《斯蒂格利茨 PROGRESSIVE CAPITALISM》，山田美明译，东洋经济新报社，2020 年。

支出可行,不早就应该那样做了吗?然而在20世纪70年代利润率下降、资本主义面临着极其严重的危机之时,政府却拼命撤销各种限制,降低税率。如果今后,我们将监管收紧到与过去相同甚至更高的水平,那么资本主义不就崩溃了吗?资本主义不可能接受这一点,必将再次拼死反抗。

简而言之,斯蒂格利茨将更公平的未来愿景视为"真正的资本主义",与现有的"假资本主义"相对立,却忽略了以下可能,即他所推崇的从二战后到20世纪70年代的这段"黄金时代",反而可能是特殊的"假资本主义"时期。而斯蒂格利茨所批判的当下这段"假资本主义"时期,才是资本主义的真实面目。

这就意味着,斯蒂格利茨所呼吁的"改革"绝对不可能实现,因为它们与资本主义的维系本就不相容。然而,斯蒂格利茨为了维护资本主义还在不遗余力地提倡这种"改革"。他确实是个货真价实的"空想主义者"。[1]

不可能有"去增长资本主义"

"空想主义"也直接适用于批判那些试图在资本主义内部实现去增长社会的人。因为,按照资本的定义,"资本主义"和"去增长"是永远不可能成套出现的。

资本是追求不断增殖的永无止境的运动。资本不断重

---

[1] 斯拉沃热·齐泽克:《绝望的勇气——全球资本主义·原教旨主义·民粹主义》,中山车、铃木英明译,青土社,2018年,第68—70页。

复投资，通过生产产品和服务创造新的价值，获取利润，进一步扩大规模。为了达成这一目标，就必须利用全世界的劳动力、资源，开辟新的市场，就算是一点点商机也绝不放过。

然而，资本主义覆盖整个世界的结果却是人们的生活和自然环境受到了破坏。而去增长则试图给走过头的资本运动踩下刹车，减个速。

因此，老一代去增长派说不要再将资本主义的矛盾进行外部化、转嫁，不要再去掠夺资源，停止把企业利润放在首位，把重心转向工人、消费者的幸福，把市场规模缩小到可持续的水平。

这种"去增长资本主义"确实不难做到。但问题在于，追求利润、扩大市场、外部化、转嫁，以及对工人和自然的掠夺，都是资本主义的本质。放弃这一切的减速，实际上就等于放弃了资本主义。

总之，既想要保留资本主义，又试图消除其受利益驱动的基本特质，就像画一个圆形三角形一样不现实。这才是真正的"空想主义"。也是老一代的去增长理论的局限性所在。

"失去的30年"算去增长吗？

让我们以日本社会为例，更具体地思考一下为什么在资本主义内部不可能实现去增长。

在以增长为目标的资本主义下实现的去增长，原本指的是日本处于"失去的30年"中的那种状态。事实上，广井说过日本"正处于引领成熟社会中新的富裕形式的地位"。[1]

但对资本主义而言，不能增长是最大的恶。在资本主义下，当增长停止时，公司会更加急切地尝试获取利润。在这场零和游戏中，资本会通过降低工人工资，推动下岗、非正规就业来削减成本。国内的阶级分化扩大，对全球南方的掠夺也进一步加剧。

事实上，在日本社会，劳动分配率正在下降，贫富差距越来越大。吸血企业[2]等劳工问题也越来越严重。

蛋糕越来越小，稳定的工作越来越少，为了自己能最终生存下来，人与人之间的竞争也越发激烈。"上等国民""下等国民"成了流行语，社会分化给人心造成的伤害也由此可见一斑。

重新审视"去增长"的含义

从日本社会的惨状中我们可以明白一点，那就是不能把日本的"长期停滞"、新冠疫情下的"经济不景气"与"稳态""去增长"相混淆。

去增长的主要目的并不是减少GDP，这点常被人误

---

[1] 广井良典：《后资本主义——科学·人类·社会的未来》，岩波书店，2015年，第v页。同样的看法也见于最近出版的相泽幸悦的著作《稳态社会的经济学——摆脱增长、扩大的束缚》（Minerva书店，2020年）。
[2] 日语原文为ブラック企业。——译者

解，导致最终变成了一场只看GDP数字的讨论。

资本主义下的经济增长会给人带来繁荣，所以我们的社会一直在努力提高GDP。但所有人的繁荣直到今天也没有实现。

因此，作为其对立命题的去增长把重点放在无法反映在GDP上的社会繁荣与人的生活质量上，从数量（增长）向质量（发展）转变。去增长是转向新的经济模式的重要计划。这种经济模式关注行星边界，同时强调减少经济不平等，扩大社会保障和增加休闲时间。

因此，像日本现在这样建造燃煤发电站的做法就不是"去增长"。即使经济不增长，可经济不平等却在增加，这也不是"去增长"。生产在减少，可失业率却在增加，又如何"增加休闲时间"？需要削减的是SUV、牛肉和时尚快销品，而不是教育、社保和艺术。

总之，与广井的观点相反，日本社会远远没有达到"引领"去增长潮流的地位，只是处于"长期停滞"而已。

自由、平等、公平的去增长理论！

"去增长"要求平等和可持续性。而资本主义的"长期停滞"却导致不平等与贫困，并且激化了个人之间的竞争。

当今日本社会竞争激烈，谁都没有余力向弱者伸出援助之手。台风天时，无家可归者甚至会被庇护所拒绝接纳。在人权被剥夺、生命受到威胁的竞争社会中，没有钱连互助都是困难的。

因此,如果真心追求互助和平等,就必须更深入地切入阶级、货币、市场问题中。我们不能在保留资本主义的基本特征的同时,依靠重视再分配和可持续性的法律与政策,实现向"去增长""稳态经济"的转型。

然而,连拉沃斯也止步于此。她说,实现"甜甜圈经济"的关键是"人口、分配、物欲、技术和治理"。[1]另一方面,她却不把生产、市场、阶级等资本主义生产方式看成问题的根本所在。

这不就是在说,在不触及私有制和阶级问题的情况下也可以给资本主义踩刹车,把它改良成可持续的状态吗?这种态度最终只会屈从于资本的力量,而资本主义的不平等与不自由也将得以长存。

去增长资本主义听上去魅力非凡,可说到底只是不可能实现的"空想主义"。所以,它不符合"未来的四种选项"中的任何一个(参见图6,本章"未来的四种选项"一节)。本书所推崇的X也不是去增长资本主义。

真心拥护去增长的话,就必须解决更为困难的理论性、实践性挑战,而不是满足于与资本主义的妥协方案。站在历史分岔口,我们必须采取坚定的立场挑战资本主义本身。

从根本上改造劳动,超越剥削和统治阶级的对立,创造一个自由、平等、公平和可持续的社会,这才是新一代的去增长理论。

---

[1] 拉沃斯:《甜甜圈经济学拯救世界》,第69页。

马克思在"人类世"复活

回顾历史,我们很难真正相信成熟的资本主义会欣然接受低增长或零增长,"自然"过渡到稳态经济。在低增长时代,等着我们的反而是为了坚持帝国式生活方式而进一步加强的生态帝国主义、气候法西斯主义。

在气候危机造成的混乱局面中,灾难资本主义也伺机而动。如果继续这么冒冒失失往前冲,全球环境就会持续恶化,直到人类无法控制,社会倒退到野蛮状态,这就是低增长时代的"硬着陆"(hard landing)。[1] 当然,这是我们最想避免的状况。

要避免"人类世"时代的硬着陆,就需要一种理论和实践,明确批判资本主义,明确要求自发向去增长社会转型。已经没时间拿个不彻底的解决方案来推迟行动了。因此,新一代的去增长理论家必须从对资本主义更为激进的批判中吸取养分。而那就是"共产主义"。终于出现了把卡尔·马克思和去增长进行相互结合的必要性。

我在这里不仅祭出了马克思,还试图把他和去增长结合起来。对此,肯定有很多读者会觉得极其不舒服。马克思主义不是只涉及阶级斗争而不涉及环境问题的吗?苏联实际上也曾因痴迷于经济增长而导致了环境破坏,马克思主义和去增长不就像水油那般互不相容吗?

在下一章我会说明,事实并非如此。

来,时隔多年,让我们再次唤醒沉睡的马克思。他一定会响应来自"人类世"的召唤吧。

---

[1] 水野和夫:《资本主义的终结与历史的危机》,第180页。

第四章
"人类世"中的马克思

马克思的回归

在"人类世"环境危机中,我们需要批判资本主义,设想一个后资本主义的未来。话虽如此,可为什么时至今日,我们要想起马克思呢?

马克思主义在一般人心里的形象,可能就是苏联、中国这样,由共产党实行一党执政、一切生产资料收归国有。因此,许多读者可能会觉得它是过时的、危险的。

事实上,由于苏联解体,日本的马克思主义处于大停滞状态。如今,即便是左派,也很少有人愿意公开拥护马克思,使用其智慧。

然而,放眼世界,就会发现近年来马克思的思想重新获得了巨大关注。随着资本主义矛盾的加深,"没有资本主义之外的选项"这一"常识"开始出现裂痕。就像前文所提到的,也有民意调查显示,美国年轻人将"社会主义"

视为比资本主义更可取的制度。

接下来,我会尝试搞清楚马克思将如何分析"人类世"的环境危机,并为有别于气候凯恩斯主义的解决方案提供启示。

当然,我不会重复那些关于马克思的陈旧解释,而是使用新资料,来展示一个新的"人类世"的马克思形象。

"共有财富"——第三条道路

在近年对马克思的重新解释中,有一个核心概念,即"共有财富"(common)或者说"共"。"共有财富"是指应该由社会共享和管理的财富。20世纪最后几年,两位马克思主义者安东尼奥·奈格里(Antonio Negri)和迈克尔·哈特(Michael Hardt)在他们合著的《"帝国"》一书中提出了这个著名的概念。[1]

"共有财富"是与美国式新自由主义、苏联式国有化相抗衡的"第三条道路"的关键所在。换句话说,其所追求的既不是市场原教旨主义那种将一切商品化,也不是苏联式社会主义那种将一切国有化。作为第三条道路的"共有财富",旨在将水、电、住房、医疗和教育作为公共物品,由我们自己进行民主管理。

大家可以在脑子里回想一个更为熟悉的概念——宇泽弘文的"社会共同资本"。也就是说,必须满足一定的条

---

[1] 安东尼奥·奈格里、迈克尔·哈特:《"帝国":全球化的世界秩序和多元的可能性》,水岛一宪等译,以文社,2003年,第389页。

件，人才能生活在"富裕社会"，获得繁荣。这些条件包括水和土壤等自然环境，电力和交通等社会基础设施，以及教育和医疗等社会制度。宇泽认为这些都是整个社会的共同财产，不应交给国家规则或市场标准来决定，而是应该由社会来管理、运营。[1]"共有财富"的概念也是如此。

不过，相较于"社会共同资本"，"共有财富"更强调公民在共同管理中的民主、横向参与，而不是全交给专家处理。更为根本性的不同在于，通过不断扩展"共有财富"的领域，最终将会完成对资本主义的超越。

把地球当作"共有财富"来管理

实际上，对马克思而言，"共产主义"也绝不等于苏联那种实行一党执政和国有化的制度。对他而言，"共产主义"意味着生产资料是"共有财富"，是由生产者们共同管理、运营的社会。

马克思进一步将"共产主义"（communism）设想为一个不仅是生产资料，连地球也是"共有财富"（common）的、由人们共同管理的社会。

事实上，马克思在《资本论》第一卷的最后有一段著名论述。就在他以"剥夺者就要被剥夺"来描述共产主义的到来，被称为"否定的否定"的地方。

---

[1] 宇泽弘文:《社会共同资本》，岩波新社，2000年，第5页。

这是否定的否定。这种否定不是重新建立私有制，而是在资本主义时代的成就的基础上，也就是说，在协作和对土地及靠劳动本身生产的生产资料的共同占有的基础上，重新建立个人所有制。[1]

让我简单解释一下"否定的否定"是什么意思。第一阶段的"否定"是指生产者被迫与"共有财富"生产资料相分离，不得不为资本家工作。所以，到了第二阶段的"否定"（"否定的否定"），工人打破了资本家的垄断，再次收回了地球和生产资料，将其作为"共有财富"。

当然，就这样论述的话显然太过抽象。但马克思的观点非常明快，那就是共产主义推翻了追求无限增殖、破坏地球的资本，然后整个地球将作为"共有财富"，由大家一起来管理。

共产主义重建"共有财富"

对于马克思"共有财富"基本思想的重视，并不仅限于奈格里和哈特。它受到了广泛的关注。例如，齐泽克在谈到共产主义的必要性时，也提到了"共有财富"。

齐泽克认为存在着四种"共有物"（commons），分别是文化、外在自然、内在自然和人本身。在全球资本主义

---

[1] Karl Marx, *Das Kapital* Band I, in *Marx-Engels-Werke* Band 23 (Berlin: Dietz Verlag, 1972), 791.（译文援引自《马克思恩格斯文集》第5卷，人民出版社2009年版，第874页。——译者）

环境下，正在以一种与人为敌的方式进行着针对这四种共有物的"圈地运动"。因此，齐泽克说"为共产主义在我们这个时代的复兴提供了合法性的，（中略）正是'共有物'"。[1]

正如齐泽克所言，共产主义就是试图有意识地重建知识、自然环境、人权、社会等被资本主义所瓦解的"共有财富"。

可能很少有人知道，马克思把"共有财富"得以重建后的社会称为"联合体"（Association）。马克思基本不使用"共产主义"或"社会主义"这些术语来描述未来的社会。他反而使用了"联合体"一词。而工人们的自发互助（联合体）将使"共有财富"成真。

联合体创造社会保障

"共有财富"并不是21世纪才出现的新要求。如今由国家所承担的社会保障服务等，原本是人们通过联合体所形成的"共有财富"。

换句话说，社会保障服务的起源来自人们不把人类生活所必需的一切交给市场，而是尝试各种自主管理。只不过到了20世纪，它被福利国家制度化了。

伦敦经济学院的文化人类学者大卫·格雷伯（David Graeber）对此有以下见解：

---

[1] 齐泽克：《绝望的勇气》，第23页。

在欧洲，成为此后福利国家主要制度的那些社会保险、养老金、公共图书馆、公共医疗等，绝大多数的源头都不是政府，而是工会、邻里协会、合作社、工人阶级政党等组织。其中多数是"披着旧外衣建设新社会"，也即自发参与了自下而上逐渐形成各种社会主义性制度的革命性项目。[1]

根据格雷伯的说法，福利国家是在资本主义制度下，把联合体中产生的"共有财富"加以制度化的方法之一。然而，自20世纪80年代以来，新自由主义的紧缩政策相继瓦解或削弱了工会、公共医疗等联合体，"共有财富"被市场所吞噬。

只是回归福利国家，并不足以对抗新自由主义。基于经济高速增长和南北贫富差距的福利国家路线，在气候危机时代已不再有效，充其量只会陷入本国中心主义的气候凯恩斯主义。紧接着就有可能滑向气候法西斯主义（见第三章"未来的四种选项"一节）。

此外，仅靠民族国家这一框架，并不足以应对这个时代的全球环境危机。福利国家依靠国家垂直管理，这一特点也与"共有财富"的横向性不相容。

也就是说，我们必须找到一条新的道路，不仅让人们的生活更为富裕，而且要把地球作为可持续的"共有财富"，将它从资本的商品化中夺回。

---

[1] 大卫·格雷伯：《官僚主义乌托邦——技术、结构性愚蠢、自由主义铁律》，酒井隆史译，以文社，2017年，第217—218页。

要做到这一点，就需要一个更宏大的愿景。正因如此，在"人类世"的环境危机时代，我们需要马克思的解释，而至今还没有人做过这一尝试。

MEGA——新的马恩全集出版项目

那么，可能有人会问，为什么在 21 世纪还能对马克思进行新解释？不会是反复用新瓶子装旧酒吗？的确，是有很多这样的书。

但实际上，这些年新的《马克思恩格斯全集》（*Marx-Engels-Gesamtausgabe*，简称 MEGA）的出版正在推进。这是一个国际项目，有来自世界各地的学者参与，包括我这个日本人。该项目的规模非同寻常，最终卷数将超过 100 卷。

另一方面，现在可以买到的日语版《马克思恩格斯全集》（大月书店）并不是真正意义上的"全集"。因为大月书店版的"全集"中，没有收录《资本论》的大量草稿、马克思写的报刊新闻、书信。大月书店版马恩作品集的正确名称应该是"著作集"。

MEGA 就不同了。MEGA 试图把马克思和恩格斯写下的所有东西一网打尽，包括首次公开的新资料在内，全部拿来出版。

其中最引人注目的新资料是马克思的"研究笔记"。马克思有一个习惯，在着手某一研究时，会在笔记本上做极为详尽的笔记。在伦敦时，马克思正处于流亡生活中，没什么钱，就每天在大英博物馆借书，并在阅览室里做摘录。

他一生所做的笔记数量巨大，其中包括没有被写入《资本论》的创意与内心纠葛。在此意义上，这些都是非常宝贵的一手资料。

然而，之前这些笔记仅仅被视为"摘录"，甚至被学者们所忽视，一直没有出版。现在，在包括我在内的世界各地研究人员的努力下，这些笔记作为 MEGA 的第四部分，首次得以公开出版，总共有 32 卷。

MEGA 使我们得以对《资本论》做出与以往完全不同的新解释。马克思留下的那些字迹潦草的笔记手稿，通过仔细研读，也可能为《资本论》带来新的启示。而这也会是我们用来应对当代气候危机的新武器。

青年马克思是"生产力至上主义者"

上述话题先不着急展开，让我们来回顾一下一般人对马克思的印象。

对马克思的下述理解可能是最常见的。随着资本主义的发展，许多工人受到资本家的残酷剥削，贫富差距越来越大。资本家在竞争压力的驱动下，致力于提高生产力，生产越来越多的商品。但是，被低工资剥削的工人们却买不起这些商品。最终导致生产过剩而引起萧条。大萧条造成失业，工人们变得更加贫困。于是大批工人团结起来进行反抗，最终发动社会主义革命。工人们得到了解放。

这段话可被视为是对马克思与恩格斯共同撰写的《共产党宣言》(1848年)内容的一个非常粗略的概括。

当时还是个年轻人的马克思心怀乐观，认为资本主义迟早会被经济萧条所引发的社会主义革命所战胜。资本主义的发展，使得生产力得以提高、生产过剩造成萧条，为革命做好了准备。因此，为了建立社会主义，有必要在资本主义制度下不断发展生产力。这就是所谓的"生产力至上主义"。

然而，1848年的革命以失败告终。资本主义再次复苏。同样的情况在1857年的大萧条时再次上演。在反复的萧条中资本主义总能胜出，看到了资本主义的这一韧性，马克思开始修正自己的看法。

这些新看法是在他最重要的作品《资本论》出版后开始出现。此时，距离《共产党宣言》的发表已过去了20年。因此，无论《共产党宣言》多么易于理解，读懂一本《共产党宣言》，并不代表理解了马克思的理论。

未完成的《资本论》和马克思晚年的大转变

当然，学者们非常仔细地研究了《资本论》。但麻烦的是，就算是在《资本论》中，马克思也没能充分展开自己的最终看法。

这是因为马克思本人完成了《资本论》第一卷并在1867年出版。而他去世时，还没写完第二卷和第三卷。今天我们所读到的《资本论》第二卷和第三卷，是马克思的盟友恩格斯，在他去世后，把他的遗稿编辑后所出版的。由于马克思和恩格斯之间存在意见分歧，后者在编辑过程中，有不少地方扭曲了马克思晚年的思考，让人难以窥见其真容。

在第一卷出版后的1868年之后，马克思投入完成后续各卷的艰苦写作之中，在此期间他对资本主义的批判进一步加深。不仅如此，他还经历了一次重大的理论转变。

而我们要想在"人类世"环境危机中生存下去，需要学习的恰恰是晚年马克思的思想。然而，在目前版本的《资本论》中是读不到这一转变的。恩格斯过于强调《资本论》的系统性，最终把《资本论》的未完成部分隐藏了起来。换句话说，越是马克思进行理论搏斗的地方，在《资本论》中就越看不到它的存在。

所以，马克思晚年究竟是怎样想的，只有少数研究其笔记的专家才知道。因此，甚至在研究者和马克思主义者中，仍存在着对马克思的巨大误解。

可以说，正是这种误解，极大地扭曲了马克思的思想，催生了斯大林主义这个怪物，还让人类面临着如此残酷的环境危机。现在，是时候澄清这一误解了！

进步主义历史观的特点
——"生产力至上主义"和"欧洲中心主义"

那么，这一误解具体是什么呢？简单地说，就是马克思乐观地认为"资本主义带来的现代化最终会带来人类的解放"。这是之前我们所看到的《共产党宣言》中的典型思想。

在发表《共产党宣言》时期,马克思认为资本主义的确会暂时造成工人的贫困和对自然环境的破坏。但是,另一方面,资本主义通过竞争,引起创新,进而提高生产力,而这种生产力的提高,为未来社会中每个人都过上富裕、自由的生活创造了条件。

这种观点可以称为"进步主义历史观"。按照一般的理解,马克思是一个典型的"进步主义历史学家"。

马克思的"进步主义历史观"中有两个特点,"生产力至上主义"和"欧洲中心主义"。

"生产力至上主义"是对现代化的赞美,认为资本主义下通过不断提高生产力,就能解决贫困问题和环境问题,并最终实现人类解放。

这里所展现的是一种线性历史观。"西欧拥有更高的生产力,处于更高的历史阶段。因此,所有其他地区都必须像西欧一样,进行资本主义现代化。"这就是"欧洲中心主义"。

所以,在线性"进步主义历史观"中,"生产力至上主义"和"欧洲中心主义"是紧密捆绑在一起的。

然而,这种被视为"历史唯物主义"的"进步主义历史观"受到了很多批评。为什么这种历史观有问题呢?以下我将从"生产力至上主义"角度出发详细分析。

"生产力至上主义"问题

首先,采取"生产力至上主义"的立场,就会完全无视生产对环境的破坏性作用。"生产力至上主义"试图通过完成对自然的支配来解放人类。但"生产力至上主义"低估了这样一个严峻的事实,那就是正是资本主义下生产力的提高,最终引发了环境危机。

这种"生产力至上主义"导致马克思主义在20世纪下半叶反复遭到环境运动的批判。

马克思本人确实也要为这些批判负一部分责任。例如,他在《共产党宣言》的著名段落中这么说:

> **资产阶级在它的不到一百年的阶级统治中所创造的生产力,比过去一切世代创造的全部生产力还要多,还要大。自然力的征服,机器的采用,化学在工业和农业中的应用,轮船的行驶,铁路的通行,电报的使用,整个整个大陆的开垦,河川的通航,仿佛用法术从地下呼唤出来的大量人口——过去哪一个世纪料想到在社会劳动里蕴藏有这样的生产力呢?**[1]

如果把这句话单独拿出来,那么被批判也不奇怪。人们会认为,马克思是单纯地赞美了资本主义制度下生产力的发展,认为生产力的发展会创造一个更加富裕的社会,为工人阶级的解放准备条件。

生产力的发展使人类可以支配自然,这是为未来社会准备条件。如果是这样的话,那么自然的限制就只是一个

---

[1] 卡尔·马克思、弗里德里希·恩格斯:《共产党宣言》,森田成也译,光文社经典新译文库,2020年,第62—63页。(译文援引自《马克思恩格斯文集》第2卷,人民出版社2009年版,第36页。——译者)

需要克服的对象。

这样一来,在马克思的思想中就不存在任何生态学要素。因此,有人说绿色和红色并不相容。这也是近年来马克思主义衰落的原因之一。

物质代谢概念的诞生——《资本论》的生态学理论转向

但事实并非如此。本书的读者早已熟知,马克思对资本与环境的关系有深刻而敏锐的分析(见第一章)。在《资本论》中,他也试图把地球作为"共有财富"来管理(见本章"'共有财富':第三条道路"一节)。

那么,马克思是什么时候摆脱了生产力至上主义,实现转变的呢?第一章中所提到的李比希在马克思的理论转向中发挥了重要作用。马克思对李比希在《农业化学》(1862年)第七版中对"掠夺式农业"的批判印象深刻。这一时期是在1865年到1866年之间。马克思立即把这一点放进了《资本论》(1867年)的第一卷中。那时距离《共产党宣言》的发表,已经过去了近20年。

在《资本论》中,马克思把从李比希那里得到的启发发展为物质代谢概念。这一概念至关重要。

人类生活在这个星球上,不断作用于大自然,生产、消费和废弃各种东西。这种与自然的循环互动被马克思称为"人与自然的物质代谢"。

当然,自然界中存在着光合作用、食物链、土壤养分的循环等各种独立于人类的循环过程。

比如，鲑鱼沿河而上去产卵，产卵后死亡，尸体分解后，它所携带的海洋养分就成了上游和陆地的养分。又或者，它在产卵前就被熊、狐狸、老鹰吃掉，通过这些动物的排泄，被吃掉的鲑鱼成了森林中树木的养分。树木的落叶滋养着大地，其中一部分落叶流入河流，成为水生昆虫、虾等小生物的食物，或为小鱼提供藏身之所。物质的代谢、循环通过鲑鱼得以进行。

这种自然循环过程被马克思称为"自然的物质代谢"。

人类，作为自然的一部分，也参与了与外在自然之间的物质代谢。呼吸、吃喝、排泄，都是。人类作用于大自然，摄入各种东西，再排出，在这个不断循环的过程中得以在地球上生存。这是生物学上所规定的、贯穿整个历史的生存条件。

资本主义搅乱物质代谢

不仅如此，在马克思看来，人与自然之间是以一种有别于其他动物的特殊方式相联系，这种方式就是"劳动"。劳动是人所特有的活动，控制和调节着"人与自然的物质代谢"。[1]

问题是，不同时期的劳动方式并不相同。这对"人与自然的物质代谢"也会产生相应的影响。

尤其是在资本主义下，这种物质代谢是被以一种非常

---

[1] 日版《资本论》，第1卷，第304页。

特殊的方式所组织起来的。因为资本把实现自我增殖放在第一位。资本是在以最有利于实现价值增殖目标的方式,改变着"人与自然的物质代谢"。

为此,资本会对人、对自然进行彻底剥削,迫使人们长时间工作,将全世界大自然的力量与资源掠夺殆尽。开发与引入技术创新,当然也是为了尽可能高效地利用人与自然。最终,托效率提高的福,人们的生活达到了前所未有的富裕程度。

然而,超过一定水平后,负作用反而会变得更大。资本试图在尽可能短的时间内获取尽可能多的价值,这样却极大地搅乱了人和自然的物质代谢。长时间艰苦工作造成的身体与精神疾病正是这种搅乱的表现,自然资源的枯竭与生态系统的破坏也是如此。

"自然的物质代谢"原是独立于资本而存在的生态过程,却被不断改造以适应资本的需要。但是我们都很清楚,资本追求价值增殖的无限运动与自然循环并不相容。

而"人类世"就是其最终结果。现代气候危机的根本原因也在于此。

无法弥补的裂缝

马克思在《资本论》中已经警告过了,资本主义会给物质代谢造成"无法弥补的裂缝"。他在不少地方引用李比希的观点,分析了支撑资本主义农业经营的大土地所有制。

(大土地所有制)由此产生了各种条件,这些条件在社会的以及由生活的自然规律所决定的物质变换的联系中造成一个无法弥补的裂缝,于是就造成了地力的浪费,并且这种浪费通过商业而远及国外(李比希)。[1]

《资本论》敲响了警钟。资本主义以"搅乱""切断"物质代谢的形式破坏了可持续生产的基本条件。资本主义使以可持续的形式来管理人和自然的物质代谢变得困难,是社会进一步发展的桎梏。

在《资本论》的讨论中,马克思并没有完全不加批判地赞扬通过现代化发展生产力的行为。相反,他明确地批评为实现资本对利润的无止境追求所发展的生产力和技术只不过是"掠夺技巧的进步"。[2]

《资本论》之后对生态研究的深化

近年出版的那些有洞察力的《资本论》入门类书籍中,都提到了马克思对资本造成的物质代谢裂缝的担忧。

而且,马克思晚年的生态学思想并不仅仅是对李比希"掠夺式农业"批判的继承。从《资本论》第一卷出版到

---

[1] Karl Marx, *Marx-Engels-Gesamtausgabe*, II. Abteilung Band 4.2 (Berlin: Dietz Verlag, 1993), 752—753. 这段话的文本在马克思的草稿和《资本论》的现行版本中有所不同,所以我参考了草稿并改变了译文。(译文援引自《马克思恩格斯全集》第 46 卷,人民出版社 2003 年版,第 918—919 页,其中"物质代谢过程"中文译本中原为"物质变换的联系",此处根据本书作者原文进行了相应修改。——译者)

[2] 日版《资本论》,第 1 卷,第 868 页。

图 8

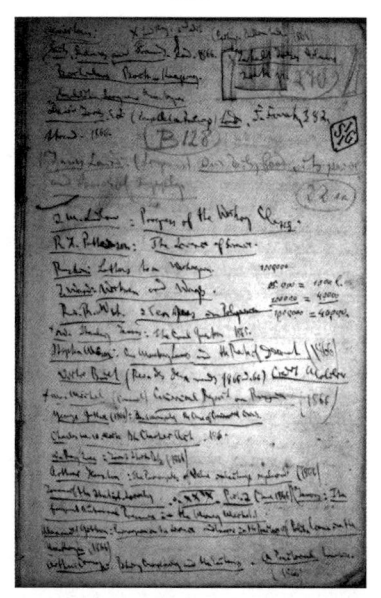

马克思在 1860 年代所写的研究笔记（照片为 B128）。写满了各种文献摘录。

1883 年去世的 15 年间，马克思几乎没有公开出版著作，但他一直热心于自然科学的研究。

正如我前面所提到的，通过编纂 MEGA 这一包含了大量草稿和笔记的新全集，我们终于有可能把聚光灯投向马克思晚年对生态资本主义的批评，而它们之前一直被埋没着。

马克思晚年在自然科学方面的研究范围令人惊讶。他留下了大量关于地质学、植物学、化学和矿物学的研究笔记。我在《洪水滔天前》[1]一书中已对相关内容进行了详

---

[1] 斋藤幸平：《洪水滔天前》，第五章。

细讨论。读过这些笔记我们就能发现，马克思的见解早已超越了李比希对"掠夺式农业"的批判。他已经把对森林的过度砍伐、滥用化石燃料和物种灭绝等生态主题当作了资本主义的矛盾。

与"生产力至上主义"的彻底诀别

在《资本论》第一卷出版后进行的生态学研究中，马克思集中阅读了德国农学家卡尔·弗腊斯（Karl Fraas）的著作。

卡尔·弗腊斯在《各个时代的气候和植物界》中描述了美索不达米亚、埃及和希腊等古代文明的毁灭过程。该书提出，这些文明的毁灭存在相同的原因——对森林的过度砍伐导致该地区的气候发生变化，使当地的农业难以维系。这些地区现在确实极为干旱，但过去并非如此。正是对自然的过度开发导致了肥沃土地的流失。

弗腊斯警告说，对森林的过度砍伐所造成的温度上升和大气干燥将对农业产生重大影响，并导致文明的毁灭。让弗腊斯担心的是，资本主义下砍伐技术和运输技术得到进一步发展，人类将有可能进入到此前未曾到达过的森林深处。

马克思高度赞扬了这本书，从弗腊斯的警告中看出他有"社会主义倾向"。[1] 弗腊斯批评了资本主义对自然的

---

[1] 日版《全集》，第32卷，第45页。

掠夺，呼吁以可持续的方式对待森林。在1868年，即《资本论》出版后的第二年，马克思把他的这一观点理解为具有"社会主义倾向"。

马克思也知道我们在第二章"杰文斯悖论"中所提到的那个杰文斯。当时在英国容易开采的煤炭储量正在不断减少，杰文斯根据李比希对"掠夺式农业"的批判，对这一问题敲响了警钟。

此外，马克思在地质学领域的研究中，还关注到了因人类活动所造成的多种物种的灭绝问题。

通过这些研究，马克思确认了在不同领域存在着物质代谢的裂缝。他试图论证，这些裂缝的存在就是资本主义的基本矛盾。

马克思的晚年笔记中所显示的，不再是过去那种认为生产力的提高将使支配自然、战胜资本主义成为可能的简单而乐观的观点。不用说，这时候的他已经与生产力至上主义明确决裂。他也并不是要展开环境危机导致文明毁灭的简单论述。

相反，马克思在《资本论》之后所关注的是资本主义与自然环境之间的关系。资本主义通过技术创新，以各种方式将其物质代谢的裂缝转嫁到外部世界来争取时间。但恰恰是因为这种转嫁，资本将"无法弥补的裂缝"扩大到了全球范围。最终，资本主义将无法存续。

马克思在《资本论》第一卷出版后，曾试图对我们在第一章所看到的那种颠来倒去的转嫁过程展开具体探讨。

走向实现可持续经济发展的"生态社会主义"

在《资本论》出版前后,马克思停止对了生产力提高的一味赞美。他通过阅读各种文献,寻找着社会主义可持续经济发展的道路。

马克思有这样一种信念,在资本主义制度下,可持续增长是不可能的,只会加剧对自然的掠夺。也就是说,在资本主义的乌云下提高生产力,并不会为实现社会主义开辟道路。此时,马克思的思想发生了上述的转变。

马克思转而认为,不应该在资本主义制度下追求生产力的提高,而应该首先转向另一种经济制度,也即社会主义,然后在社会主义制度下寻求可持续的经济增长。这就是在《资本论》第一卷出版前后,马克思所持有的"生态社会主义"愿景。

先让我做个预告,马克思在他最后的日子里还超越了这种"生态社会主义"。

进步主义历史观的动摇

转向追求可持续经济增长的"生态社会主义"当然是马克思的一次重大的思想转变。而与生产力至上主义的决别,更是动摇了"进步主义历史观"这一更宏大的世界观。这是我们接下来将探讨的一大重点。

这里先重温一下此前的内容。根据马克思主义的进步主义历史观,生产力的发展才是推动人类历史前进的动力。因此，为了提高生产力，任何国家都必须像西欧国家一样，首先在资本主义制度下实现工业化。

这种进步主义历史观视生产力的提高为历史的动力，因此其前提是生产力至上主义。不仅如此，这种生产力至上主义还为欧洲中心主义提供了合法性。

如果放弃生产力至上主义，就无从证明高生产力是更先进的历史阶段所必需的条件。单单发展破坏性的技术也毫无意义。而当马克思放弃生产力至上主义时，他也不得不重新考虑同一枚硬币的另一面——欧洲中心主义。

对于晚年的马克思而言，要想放弃生产力至上主义和欧洲中心主义，就不得不与进步主义历史观诀别，也需要对历史唯物主义进行全盘大修改。

接下来，我将揭示马克思的进步主义历史观发生动摇直至崩塌的过程。这里先从马克思是如何看待欧洲中心主义开始说明。

《资本论》中的欧洲中心主义

然而，光看那些已出版的文献，我们很难弄清马克思是否真的放弃了欧洲中心主义。

诚然，在19世纪50年代后半期，在写作《资本论》之前，马克思已经表达了反殖民主义立场。[1]无论是印度的反殖民主义运动、波兰起义还是美国内战，马克思始终

---

[1] 比如Suniti Kumar Ghosh, "Marx on India", *Monthly Review* 35, no.8 (1984): 39—53。

站在被压迫者一边。但这与其摆脱欧洲中心主义并不是一回事。

那么《资本论》又如何呢?《资本论》的第一卷第一版中已经包含了生态学观点,但马克思同时也写道:

工业较发达的国家向工业较不发达的国家所显示的,只是后者未来的景象。[1]

这种线性进步主义历史观可谓极其欧洲中心主义,就像是欧洲人把自己的历史随心所欲地投射到了世界的其他地方。

这意味着在最坏的情况下,即使是殖民主义,在马克思的思想体系中也被合法化,因为它给"野蛮人"带来了文明和现代化。

于是,马克思的思想被不断批判为危险的欧洲中心主义。

萨义德的批判——青年马克思的东方主义

其中最著名的批判来自后殖民主义最重要的学者爱德华·萨义德(Edward Said)。萨义德批评马克思是一个"东方主义者"(把非欧洲人视为野蛮和低劣的欧洲人)。

---

[1] 日版《资本论》,第 1 卷,第 10 页,强调部分引自原文。(译文援引自《马克思恩格斯文集》第 5 卷,人民出版社 2009 年版,第 8 页。——译者)

他连篇累牍地反复讨论这一问题，并且越来越确信，英国甚至在毁灭亚洲的同时也有可能在那里发动一场真正的社会革命。（中略）尽管从马克思的分析中显然也可以看到他的博爱、他对人类不幸的同情。（中略）但最终占据上风的仍然是其浪漫主义的东方学视野。

因此，萨义德得出的结论是："马克思的经济分析与标准的东方学行为完全相吻合。"[1]

萨义德在这里批评的是30多岁的马克思在1853年为《纽约每日论坛报》写的几篇名声不佳的"印度评论"。在《不列颠在印度的统治》一文中，马克思写道：

的确，英国在印度斯坦造成社会革命完全是受极卑鄙的利益所驱使，而且谋取这些利益的方式也很愚钝。但是问题不在这里。问题在于，如果亚洲的社会状况没有一个根本的革命，人类能不能实现自己的使命。如果不能，那么，英国不管犯下多少罪行，它造成这个革命毕竟是充当了历史的不自觉的工具。[2]

马克思当然承认英国对印度殖民统治的残酷性。然而，在这里他看似站在了人类历史进步的角度，最终为殖民统治做了辩护。

尤其是印度这样的亚洲社会，本身是静态的、被动的，

---

[1] 爱德华·萨义德（Edward Said）：《东方主义》（上，下），今泽纪子译，平凡社图书馆，1993年，上册，第351—353页，强调部分引自原文。
[2] 日版《全集》，第9卷，第127页。（译文援引自《马克思恩格斯文集》第2卷，人民出版社2009年版，第683页。——译者）

因此"根本没有历史"。[1]所以马克思说,像英国这样的资本主义国家有必要从外部进行干预,推动历史发展。这里体现了萨义德所指出的东方主义性思想。

站在人类历史的角度,历史发展过程中所引发的人的痛苦是一种必要的恶。看上去马克思是在做这样的辩护。

在19世纪60年代初所撰写的《资本论》草稿中,马克思在批判瑞士社会主义者西斯蒙第等人时还说过:

> (西斯蒙第等人)就是不理解:人类的才能的这种发展,虽然在开始时要靠牺牲多数的个人,甚至靠牺牲整个阶级,但最终会克服这种对抗,而同每个个人的发展相一致;因此,个性的比较高度的发展,只有以牺牲个人的历史过程为代价。[2]

牺牲个人利益也要提高生产力!让市场和资本主义席卷全球!这才是实现自由和解放的条件!马克思莫不是个新自由主义思想家?

对非西方的、前资本主义社会的关注

但是,萨义德并没有涉及马克思晚年的思想,在此意义上,他的批评是片面的。对MEGA新材料的研究揭示了

---

[1] 日版《全集》,第9卷,第213页。
[2] 日版《资本论草稿集》⑥,第160—161页。这些声明也可以被解读为对极权主义的肯定。(译文援引自《马克思恩格斯全集》第34卷,人民出版社2008年版,第127页。——译者)

马克思在此后对自己的东方主义进行了深刻反思。决定性的变化发生在 1868 年之后，也即《资本论》出版之后。

事实上，1868 年以后，马克思不仅开始研究自然科学、生态学等，还投入了大量精力研究非西方的、前资本主义的共同体社会。[1]

1868 年，马克思对日耳曼人的公社产生了兴趣。从 19 世纪 70 年代开始，他以极大的热情研究了非西方、前资本主义社会的土地所有制和农业。他阅读了大量关于古罗马、美洲原住民、印度、阿尔及利亚、南美的文献。马克思对俄国的农业公社特别感兴趣，他甚至自己学习俄语，以便研究俄国当地的公社、土地所有制、农业。

在这一时期的研究笔记中，马克思不仅明确批评了英国的殖民主义，也开始肯定印度公社所进行的坚韧抵抗。这些笔记所展示的是一个与 1853 年写"印度评论"时完全不同的马克思。

《给查苏利奇的复信》——与欧洲中心主义的诀别

马克思在观念上的这种转变，在其生命的最后几年表现得尤为明显。就在这时，马克思也参与了关于俄国社会应该选择怎样的道路的争论。在 1881 年，即马克思去世前两年，他给俄国女革命家维·伊·查苏利奇（Vera Ivanovna

---

[1] 原文日语使用"共同体"的地方，部分用词遵照我国出版的马克思著作中的固定翻译进行调整，如日语"农耕共同体"，中文为"农业公社"，与之相关的"共同体"都翻译为"公社"。——译者

Zasulich）回了一封信。

在这封信里，晚年的马克思非常明确地表达了对进步主义历史观的批评。也正是由于这封信的存在使我们得以窥知，在《资本论》第一卷出版后，经过了14年的研究，马克思的思想已经发生了如此巨大的转变。可以毫不夸张地说，这封信中隐藏着马克思真正所到达的思想高度。

当时的俄国还存在着一种被称为米尔的农业公社。有一群民粹主义者（Narodnik）试图通过扩大这一农业公社来实现推翻沙皇统治的社会主义革命。当时，俄国革命者之间就俄国是否可以不经过资本主义阶段而进入社会主义进行了激烈辩论。

核心问题就在于我之前已经引用过的《资本论》第一卷中的那句话。这里我再引用一次。

工业较发达的国家向工业较不发达的国家所显示的，只是后者未来的景象。

争论的焦点在于这种表述是否也适用于俄国。也就是说，俄国是否必须按照这里所写的那般，先实现资本主义下的现代化。因此，查苏利奇就这一点向马克思本人进行了咨询。

马克思回复给查苏利奇的信件实际上并不客气。但是，马克思在正式回复前，居然将这份长稿重写了三遍。显然查苏利奇的疑问相当切中问题的要害。马克思当然慎重。因为在写有这句话的《资本论》出版14年后，一个非西欧人把这么一个问题放到了他的面前："欧洲中心主义的进步主义历史观仍然正确吗？"

马克思的回复，众所周知。他明确指出，《资本论》中的历史分析"只限于西欧"。没有必要为了推动现代化而特意破坏俄国残存的公社。这些公社反将成为俄国抵抗不断扩张、试图吞噬整个世界的资本主义的重要基地。马克思写道，要"在现在的基础上"，一边吸收西方资本主义的积极成果，一边发展公社，这会是实现共产主义的机会。

这里的重点是，马克思事实上明确承认了，俄国可以不经过资本主义阶段（即"不通过卡夫丁峡谷[1]"）而走向共产主义。[2] 显然，马克思在最后几年已经摆脱了线性历史观和欧洲中心主义。

俄语版《共产党宣言》中的证据

类似的认识也体现在次年出版的《共产党宣言》俄文第二版的序言中。马克思指出：

假如俄国革命将成为西方无产阶级革命的信号而双方互相补充的话，那么现今的俄国土地公有制便能成为共产主义发展的起点。[3]

---

[1] "卡夫丁峡谷"的典故出自古罗马时期，被用来比喻灾难性的历史经历，引申为人们在谋求发展时所遇到的极大的困难和挑战。——译者
[2] 日版《全集》，第19卷，第392页。
[3] 日版《全集》，第4卷，第593页。（译文援引自《马克思恩格斯文集》第2卷，人民出版社2009年版，第8页。——译者）

马克思特意高度评价了米尔这一共同体的土地所有制。这并不是对俄罗斯人的嘴上奉承。如果没有这篇序言，他年轻时写的《共产党宣言》会被严重误解为对进步主义历史观的美化。正因为清楚认识到了其中的危险性，马克思才在他最后的岁月里写下了这段话。

这篇"序言"里更是明确指出，俄国的公社不必经历资本主义阶段的发展，而是可以在西欧之前——即使之后有必要通过西欧革命来补充完善——开始共产主义发展。不可否认，马克思的历史观已经发生了巨大的变化。

这种讨论也不需要仅仅局限在俄国，也可以扩展到亚洲、拉丁美洲等地的共同体。

在马克思本人看来，米尔也好，亚洲的"村社"也罢，都是有幸逃离资本主义的暴力破坏、残存至今的原始共同体之一。换句话说，世界各地都存在着这样的共同体，具有与俄国农业公社相同的力量。这就是马克思的评价。

加利福尼亚大学的社会学家凯文·安德森（Kevin B.Anderson）[1]由此得出结论，晚年的马克思已经接受了历史的多线性，否认了基于进步主义历史观的"革命的单一模式"。[2]

通往社会主义的道路不再仅限于西欧的发展模式。相

---

[1] 凯文·B.安德森：哲学博士，美国普渡大学政治系教授，当代著名的列宁哲学研究专家，长期以来从事马克思主义哲学研究工作，是国际马克思恩格斯著作 MEGA2 版考证版研究人员。
[2] 凯文·B.安德森：《马克思在边缘：民族主义，民族性和非西欧社会》，平子友长监译，社会评论社，2015年，第349页。

反，马克思认为，在非西欧社会研究其如何走向共产主义时，必须考虑到各自的制度、历史所具有的复杂性和差异。

在马克思的晚年，欧洲中心主义进步主义历史观已被对非西欧共同体的积极评价所取代。那么，萨义德也无法批评晚年马克思是一个"东方主义者"了吧？

马克思的共产主义变了吗？

那么，马克思在晚年的思想转变，是不是就仅仅停留在与线性历史观的诀别上？不，当然不是。

安德森在他的《马克思在边缘》一书中积极评价了马克思晚年的共同体研究，但他也没看出这一转变的真正意义所在。本书认为，《给查苏利奇的复信》所具有的理论重要性，远在安德森的评价之上。

首先，对于马克思在晚年放弃了进步主义历史观的看法其实并不新鲜，专家们已经说了几十年了。[1] 此外，正如之前提到的那样，马克思在 19 世纪 50 年代末就已经明确了他的反殖民主义立场，认可反殖民主义在反资本主义斗争中的重要性。

马克思在此后的 20 多年岁月，极为热情地对共同体展开了研究。说马克思晚年的理论转变只是"放弃欧洲

---

[1] 比如和田春树：《马克思、恩格斯与革命的俄罗斯》，劲草书房，1975年。英语的则有 Teodor Shanin (ed.), *Late Marx and the Russian Road: Marx and the peripheries of capitalism* (New York: Monthly Review Press, 1983)。

中心主义",采用"复线历史观"[1],是不是太简单粗暴了点?

所以,本书必须走得更远。马克思是否放弃了线性进步主义历史观,只是本书与读者分享其后期观点的第一步。这里真正重要的问题是,马克思在放弃了进步主义历史观后,究竟得出了怎样的认识。

但要解决这个问题,仅仅看到马克思通过1868年以后对共同体的研究放弃了"欧洲中心主义"是远远不够的。如果说安德森的出色研究的结论看起来有些平庸,那也是因为他只关注进步主义历史观的一个侧面,即放弃"欧洲中心主义"。要解决这个问题,还必须同时处理进步主义历史观的另一个侧面。是的,那就是"生产力至上主义"。马克思通过生态学研究与"生产力至上主义"诀别,我们也应把这一理论转变的意义考虑进去。

事实上,如果把生产力至上主义的问题也考虑进去,就可能出现一种比"通向共产主义目的地的路线从一条变成几条"更令人吃惊的解释。

换句话说,事实证明,马克思的共产主义思想的内容,本身已经发生了重大转变。这是一种至今的研究还没有充分探明的可能性。好了,我们终于要进入正题了。

---

[1] 复线历史(bifurcated history),按照杜赞奇(Prasenjit Duara)的观点,指"过去并非仅仅沿着一条直线向前延伸,而是扩散于时间与空间之中,历史叙述与历史话语在表述过去的过程中,根据现在的需要来收集摄取业已扩散的历史,从历史中寻找有利于己的东西,也正因为如此,新的历史叙述与历史话语一旦形成,又会对现实形成制约,从而揭示出现实与历史的互动关系"。——译者

为什么《资本论》的写作延期了?

《资本论》第二卷、第三卷的写作延期,这一事实也暗示了马克思的共产主义理论在晚年有可能已经发生了转变。尽管恩格斯极其渴望能完成《资本论》,但马克思在第一卷出版的 16 年后去世了。在此期间,正如我已经提到的,马克思正在从事生态学和共同体研究。为什么马克思没有继续写作,而是致力于这两项研究呢?只看表面的话,我们很容易认为,马克思在患有各种疾病的情况下,试图通过阅读自己感兴趣的书籍来"逃避"撰写《资本论》续集这一痛苦的工作。

但事实并非如此。当我们把"物质代谢"理论作为马克思的理论基础来考察时,即可看见马克思放弃进步主义历史观、建构新历史观的浴血奋斗过程。对生态学的研究和对非西欧、前资本主义社会共同体的研究,对于这种新观念的建构是绝对必要的。

因此,这两个研究主题乍一看似乎彼此无关,其实却是对同一个问题的相关研究。这又是什么意思呢?

已崩溃的文明和幸存的共同体

先聊聊为什么马克思在晚年会如此热衷于共同体研究。共同体研究开始于 1868 年初,当时马克思开始阅读弗腊斯的生态学著作。所以从一开始,生态学研究与共同体研究就是互相关联的。

之前介绍过，马克思曾读过弗腊斯关于古代文明崩溃的著作（参见本章"与生产力至上主义的彻底诀别"一节）。但弗腊斯也提到了那些没有崩溃、最终幸存下来的共同体。

他特别赞扬了古代日耳曼人的共同体马尔克公社（Markgenossenschaft）中的可持续农业。日耳曼人虽然也曾被称为"野蛮人"，但就可持续性而言，却是极为出色。

"马尔克公社"一词是对从恺撒[1]到塔西佗[2]时期的日耳曼人共同体的广义称呼。这一时期，日耳曼人正从狩猎和军事的部落共同体向定居的农业共同体过渡。

日耳曼人共同拥有他们的土地，在生产方式方面也有强力的内部制约。在马尔克公社，禁止向公社成员以外的任何人出售土地。事实上，他们不仅禁止出售土地，还禁止向公社外出售木材、猪、酒等。[3]

在这种强有力的共同体制约下，土壤养分的循环得到维持，确保了农业的可持续发展。从长远来看，它甚至提高了土地的肥沃度。这与那些毁灭的古代文明极为不同——那些古代文明中共同体的制约非常薄弱。此外，它与资本主义农业经验模式也形成了鲜明对比，后者试图将吸收了土壤中养分的粮食卖到大城市来赚钱。

---

[1] 盖乌斯·尤利乌斯·恺撒（公元前100—前44）：罗马共和国（今地中海沿岸等地区）末期杰出的军事统帅，政治家，罗马帝国的奠基者，史称恺撒大帝。——译者
[2] 塔西佗（55—120）：古罗马伟大的历史学家。——译者
[3] Georg Ludwig von Maurer, *Geschichte der Dorfverfassung in Deutschland* (Erlangen: Ferdinand Enke, 1865), 313.

马克思被弗腊斯的一系列著作所吸引。他在撰写《资本论》时就已经萌生了生态学的视角，而这引发了他对前资本主义社会共同体所具有的可持续性的关注。

邂逅共同体中的平等主义

马克思非常关注弗腊斯对马尔克公社的分析，从他同时也在仔细阅读德国法律史学家格奥尔格·路德维希·毛勒（Georg Ludwig Maurer）[1]的马尔克公社相关著作一事也能看出这一点，因为弗腊斯的马尔克公社论的基础正是毛勒的著作。

值得玩味的是，马克思在毛勒的观点中也发现了与弗腊斯相同的"社会主义倾向"。[2]这是因为毛勒提出了一个观点：马尔克公社不仅准备了每个人都能平等放牧的共有土地，还引入了抽签制度来决定公社成员具体使用哪块土地，并定期进行轮换，通过这种方式，确保了不会因肥沃的土地被一部分人垄断而产生财富差距。

这种管理方法与被称为"Latifundium"的古罗马大庄园形成了鲜明对比。在大庄园里，贵族拥有和管理着大片土地，使用奴隶进行劳动。毛勒是一位保守思想家，然而他在历史中所找到的却是让那个时代的社会主义者都会为

---

[1] 格奥尔格·路德维希·毛勒：德国历史学家，古代和中世纪的日耳曼社会制度的研究者。——译者

[2] 日版《全集》，第32卷，第43页。

之颤抖的日耳曼人的"平等主义"。[1]

新共产主义的基础——"可持续性"和"社会平等"

当然,马克思在1868年之前就知道公社是平等的。马克思在《资本论》中也使用了"自发的共产主义"一词来描述原始社会的性质。[2]

但是,刚完成《资本论》的马克思对弗腊斯和毛勒作出具有"社会主义倾向"的高度评价,也是因为他自身得到的一个全新认识。此时,他已经开始认真思考或许"可持续性"和"社会平等"是紧密相联的。而这正是马克思后来决定在研究生态学的同时进行非西欧共同体研究的原因。

日耳曼人将土地视为共有物。土地并不属于任何人。土地被平等分配,避免只有一部分人从大自然的恩惠中受益。他们通过对财富的防垄断措施,避免了在成员之间形成支配与从属关系。

同时,由于土地不属于任何人,也就免于被其所有者任意滥用的危险。这也确保了土地的可持续性。

因此,"可持续性"和"社会平等"是紧密相关的。正是两者的这种紧密关系,才使得共同体能够对抗资本主义,建立起共产主义——马克思强烈意识到了这种可能性的存在。

---

[1] 日版《全集》,第32卷,第44页。
[2] 日版《资本论》,第3卷,第1454页。

重新思考《给查苏利奇的复信》——基于生态学的视角

马克思的思考结论体现在了《给查苏利奇的复信》中。我们先看看这封信草稿中的一些细节。

首先,在这封信的草稿中出现了前面提到的研究共同体的毛勒。然后,马克思解释说,原始公社在俄国以米尔的形式存在,是被称为"农业公社"的一种,与西欧的日耳曼公社属于同一类型。

马克思继续说,这种农业公社具有非常强大的"天赋的生命力"。多数公社因不断的战争和人类迁移而消失,但农业公社却活过了中世纪。直到马克思的时代,包括马克思的家乡特里尔地区在内,森林、牧场还是公共土地,仍留有农业公社的痕迹。

在信的草稿中,马克思称赞这种存续到中世纪的社会共同体为"新公社"。

新公社,由于继承了古代原型(即农业公社)的特征,在整个中世纪时期,成了自由和人民生活的惟一中心。[1]

正是基于对公社的这一评价,马克思告诉查苏利奇,他不打算把通过资本主义实现现代化的道路强加给俄国。[2] 农业公社在俄国仍然存在,那就应该在公社力量的

---

[1] 日版《全集》,第19卷,第389页。[译文援引自《马克思恩格斯全集》第25卷,人民出版社2001年版,第459页。"(即农业公社)"为本书作者所补。——译者]
[2] 日版《全集》,第19卷,第238页。

基础上向共产主义过渡。在这段话中，我们也看到了马克思的历史观发生了重大转变。

但更为重要的是这里所体现出的马克思的生态问题意识。在这封信中我们可以读到马克思生命最后几年的认识。也就是说，马克思认为资本主义下生产力的提高未必能带来人类解放。非但如此，它还扰乱了人与自然之间的物质代谢，造成了裂缝，而自然是一切生命的基础条件。资本主义带来的不是向共产主义的进步。相反，它破坏了对社会繁荣而言不可或缺的"自然的生命力"。马克思的思考已经达到了这样的高度。

但这种认识，必然伴随着对自己以往的进步主义历史观的批判。如果资本主义带来的不是进步，而是对自然环境不可逆转的破坏和对社会的摧残，那么线性历史观必然会被严重动摇，而拥有发达生产力的西欧优于非西欧这一结论也不再那么理所当然。

正如前面所看到的，根据弗腊斯和毛勒的说法，在马尔克公社中，人与自然的物质代谢被社会以一种更可持续的方式组织起来，同时也实现了一种更平等的关系。如此说来，生产力一直维持在很低水平的马尔克公社在某种意义上其实更为"优越"。

当然，这种对理论框架的重大修改肯定会使《资本论》第二卷和第三卷的写作变得极为困难。即便如此，对于《资本论》的写作而言，对历史观进行根本性修正是必要的。这种修正将通过对非西欧、前资本主义共同体的研究，以及对以生态学为主题的自然科学的研究来完成。

资本主义和生态学家的斗争

事实上,由于放弃了进步主义历史观,马克思不得不对西欧社会,如他所居住的英国社会的现状分析做出巨大调整。这也是理所当然。马克思研究共同体,本身就不是出于兴趣爱好,而是为了超越西欧资本主义。

这种变化也体现在《给查苏利奇的复信》的草稿中,从下面他谈到西欧资本主义危机的几处就能看出这一点。

不论是在西欧,还是在美国,这种社会制度(资本主义制度)现在都处于同科学、同人民群众以至同它自己所产生的生产力本身相抗争的境地。总之,在俄国公社面前,资本主义正经历着危机。[1]

资本主义处于"同科学相抗争的境地",这句话一直被那些信奉马列主义生产力至上主义的人解释为必须要进一步发展生产力。换言之,可以通过提高生产力来克服资本主义造成的危机。

因此,马克思在《哥达纲领批判》(1875年)中对共产主义所做出的"各尽所能,按需分配"[2]这一著名定义,也被解释为通过无限的生产力和"无限的富裕"来解决不

---

[1] MEGA I/25. S. 220. 日版《全集》,第19卷,第393页。[译文援引自《马克思恩格斯全集》第25卷,人民出版社2001年版,第456页。"(资本主义制度)"为本书作者所补。——译者]
[2] 日版《全集》,第19卷,第21页。

平等分配问题。[1]

然而，如果把信中的这段话视为以物质代谢裂缝论批判生产力至上主义思想的体现，那它的意思就截然相反。

在西方社会，与资本主义处于"相抗争境地"的"科学"，是李比希、弗腊斯那种看向环境的"科学"，也就是生态学。

作为生态学家，他们通过对资本主义掠夺的批判，动摇了资本主义的合法性。"科学"揭露了通过技术征服自然，把人从自然束缚中解放出来的生产力至上主义工程是失败的。李比希等人明确指出，资本主义无法以可持续的方式进一步提高生产力。试图强行提高生产力，就会造成对地球环境的掠夺。不仅如此，还会破坏大自然所具备的修复能力。不能再合法化这种资本主义，也不能再维系这种资本主义。

在接触到马克思的生态学思想后，我们可以如上这样解读"科学与资本主义的斗争"这句话的含义。

"一种新的合理性"——为了对土地的可持续管理

马克思从李比希和弗腊斯那里获得了克服资本主义危机的启示，那是基于自然科学结论的"合理的农业"观点。当然，他们说的合理性，必然不是指资本主义的利润最大化，而是一种新的合理性。

---

[1] 比如 G. A. Cohen, *Self-Ownership, Freedom, and Equality* (Cambridge: Cambridge University Press, 1995), 10。

在马克思去世后由恩格斯所编辑的《资本论》第三卷中，在对地租的相关论述中，马克思在几个地方谈到了资本主义下土地使用的不合理性，比如：

对地力的榨取和滥用，代替了对土地这个人类世世代代共同的永久的财产，即他们不能出让的生存条件和再生产条件所进行的自觉的合理的经营。[1]

资本主义利用自然科学来压榨免费的自然力。因此，生产力的提高增加了掠夺，破坏了人类可持续发展的基础。从长远来看，这种使用自然科学的形式是"剥削"性的、"浪费"性的，绝非"合理"的。

马克思做出了以上批判，而他所追求的不是经济的无限增长，而是将大地，也就是地球作为"共有财富"，进行可持续管理。这也是李比希和弗腊斯所追求的更为"合理"的经济制度。

而且，这种科学要求暴露了资本主义的不合理性，并带来了资本主义的合法性"危机"。

我在上一节"资本主义和生态学家的斗争"中引用了《给查苏利奇的复信》的一段话，紧接着那段话，马克思总结道：

这种（资本主义）危机只能随着资本主义的消灭，随

---

[1] 日版《资本论》，第3卷，第420页，强调引自原文。（译文援引自《资本论》第3卷，人民出版社2004年版，第918页。——译者）

着现代社会回复到"古代"类型的公有制而告终。[1]

在资本主义获得最大限度的发展后,迎来的并非共产主义,反倒是日耳曼人的马尔克公社、俄国的米尔中存在着现代西欧社会需要"回复"的要素。

那么,西欧社会究竟需要从米尔和马尔克公社中学习、回复什么呢?

真正的理论大转变——共产主义的变化

终于来到核心问题了。这里我先梳理一下到目前为止的讨论,并阐述结论。

马克思在晚年放弃了进步主义历史观,使之成为可能的是其在1868年后开始的对自然科学和共同体的研究。基于这两个研究领域之间的紧密关联,我们才第一次理解了马克思晚年的思想成就《给查苏利奇的复信》所具有的理论意义。

换句话说,通过研究自然科学和共同体社会,马克思试图深挖"可持续性"和"平等"之间的关系。在多次重写《给查苏利奇的复信》时,他试图描述未来社会所追求的新的合理性应该是什么样的。简而言之,俄国人的问题促使马克思重新构思如何实现平等、可持续的西欧社会这一课题。

---

[1]　日版《全集》,第19卷,第393页。[译文援引自《马克思恩格斯全集》第25卷,人民出版社2001年版,第456页、第459页。"(资本主义)"为本书作者所补。——译者]

这些思考尝试，使得他在生命的最后几年终于迎来了真正的理论大变化。生态学研究开启了与进步主义历史观的诀别，也使他不得不对西欧资本主义优越性的假设进行了彻底的修正。

结果，不仅通向共产主义的途径不再只有一条，连马克思所设想的西欧资本主义应实现怎样的共产主义这一内容也发生了重大转变。

我来解释一下这具体是什么意思。

一个依靠传统的共同体是建立在完全不同于资本主义生产原则的基础之上的。正如毛勒、弗腊斯所说，这样的共同体内部具有强大的社会性制约，资本主义式商品生产的逻辑并不成立。例如在马尔克公社，不要说土地了，连土地产物都不会拿来与外界交易。

共同体根据传统不断重复同样的生产。换句话说，这是一种没有经济增长的循环型稳态经济。

这样的共同体并不是因为"未开化"和"无知"而生产力低下，在贫穷中苟延残喘。就算可以工作得更久、把生产力进一步提高，共同体硬是没有这样做。这是为了防止权力关系的产生，防止成员间出现统治和从属关系。

走向去增长的马克思

马克思认识到，没有经济增长的共同体社会具有稳定性，能将人和自然的物质代谢以平等、可持续的方式组织起来。这一点至关重要。

上文中我们已经看到，在19世纪50年代初，马克思以印度公社是稳态经济为由，批评印度社会的被动、静止、"根本没有历史"。这一观点高度体现了生产力至上主义和欧洲中心主义。（见本章"萨义德的批判——青年马克思的东方主义"一节）

然而，马克思在他的最后几年认为，正是共同体的稳定性，使其有可能对抗殖民主义统治，甚至打破资本的力量，建立共产主义。这里显然有一个重大转变，即出现了共同体有能力主动对抗、创造共产主义的历史这一认识。由此可见，马克思对稳态经济持有积极看法，这与他在19世纪50年代的态度截然不同。

正是由于晚年对生态学的研究，使马克思认识到了共同体社会的潜力。换句话说，马克思对可持续发展的兴趣使他得以用一种与19世纪50年代完全不同的方式来看待共同体。他晚年对生态学和共同体的研究，乍眼一看似乎互不相干，但两者实际上是明确相联的。

这样，马克思晚年的研究终于建构起了一个理论基础，可以在之上构思一个真正自由和平等的未来西欧社会。分析俄国等非西欧社会的历史发展进程，并不是马克思的目的。关于复线的讨论现在看起来更像个副产品。他的主要目的是构思未来的西欧社会，为此才去研究了共同体。

经过14年的研究，马克思最终得出结论，基于稳态经济的可持续性和平等将可以构成对资本的抵抗，也是未来社会的基础。

为了克服资本主义的危机，西欧现代社会必须有意识地恢复这种可持续性和平等，而其物质条件则是稳态经济。

总之,马克思在最后几年所追求的共产主义是一个平等、可持续的去增长型经济。

当马克思说出为了克服资本主义危机,西欧社会必须"回复到古代类型的公有制"(见本章"真正的理论大转变——共产主义的变化"一节)这句话时,他指的不就是让西欧在高层次上恢复稳态经济这一共同体原则吗?

"去增长共产主义"成就

来到这一步,"回复"的含义也清楚了。马克思说的是,为了建立重视可持续性和平等的新合理性,西欧在尝试共产主义的过程中必须学习、吸纳共同体的稳态经济原则。

值得注意的是,马克思所构思的绝不是怀旧式的"回到农村"或"建立公社"(马克思多次说过,俄国公社应该吸收资本主义的积极成就,如技术创新等)。西欧革命必须是在重视现代社会成就的同时,参照"古代类型",也即稳态社会的模式,向共产主义跃进。

因此,苏联那种追求经济增长的生产力至上主义型共产主义是完全无效的。这也等于说,提倡资本主义原则并不能为未来社会开辟道路。

再重申一次,这无疑与他年轻时秉持的生产力至上主义立场完全相反。而且,在对李比希思想的吸收中体现出"生态社会主义"思想阶段的马克思与《资本论》执笔之际的马克思也是不同的。写《资本论》时,他仍然认为如果

图9 马克思的目标

		经济增长	可持续性
1840—1985年代	生产力至上主义 《共产党宣言》"印度评论"	○	×
1860年代	生态社会主义 《资本论》第一卷	○	○
1870—1880年代	去增长共产主义 《哥达纲领批判》《给查苏利奇的复信》	×	○

能够走向社会主义,仍有可能实现可持续的经济增长。而此时连这一点也被他放弃了(图9)。

马克思在生命的最后几年所构想的未来社会显然出现了巨大转变。借用之前非常流行的路易·阿尔都塞(Louis Althusser)的说法,这种变化可以被称作"认识论的断裂"。

简而言之,在放弃了进步主义历史观之后,马克思将共同体的可持续性和稳态经济原则纳入自己的变革理论中。结果,他的共产主义思想转变成了与"生产力至上主义"和"生态社会主义"完全不同的东西。这就是他在最后几年里所得出的"去增长共产主义"。

这是从来没有人提出过的,对晚年马克思所构想的未来社会的新解释。这一点连他的盟友恩格斯都完全不能理解。最终,马克思的历史观在他死后被误解为线性进步主义历史观,而生产力至上主义则规定了左派的思维范式。

因此,在《资本论》第一卷出版后的150年里,马克思主义一直没有把环境问题作为资本主义的终极矛盾来加以批判，还严重加剧了"人类世"的环境危机。

去增长共产主义新武器

事实上，直到现在，马克思主义和去增长仍被认为是水火不容。传统的马克思主义将共产主义设想为工人们夺回了生产资料，自由地操纵生产力和技术，实现自身富裕生活的社会。这样的社会被视为与去增长互不相容。

所以，马克思对共同体和生态学的研究虽然为人所知，但没什么人试图将两者结合起来。这是因为马克思主义者不能接受去增长之说。

当然，迄今为止，学者们很高兴地接受了诸如安德森所提出的马克思放弃了欧洲中心主义等观点，这是因为它使马克思更符合当代的政治正确。我在《洪水滔天前》一书中围绕"作为环境主义者的马克思"展开论述，结果被当成是展现马克思政治正确的尝试，受到了全世界马克思主义者的欢迎。

然而，还没有人走到"去增长马克思主义"这一步。我的《洪水滔天前》指出了追求可持续经济增长的"生态社会主义"也是马克思的思想，但也就也止步于此。当时，那本书的英文版标题用的正是"卡尔·马克思的生态社会主义"。

马克思主义中的负面遗产"生产力至上主义"影响惊人。马克思主义不能接受生产力提高是具有破坏性的事实，把去增长视为敌人。

但马克思在晚年却放弃了生产力至上主义，试图从非西欧、前资本主义的共同体中学习社会变革的可能性。马克思的晚年思想不仅与一般流传的马克思思想完全不同，还极为激进地摒弃了生产力至上主义和欧洲中心主义。而满足于把马克思政治正确化的那些马克思主义者们的尝试，远不能表现出马克思晚年思想的这种激进性。

马克思自身反而已经达到了这样的高度，他开始构思一个能够真正超越西欧资本主义的工程——"去增长共产主义"。

上述分析的意义不仅仅在于揭示马克思在晚年所描绘的共产主义是什么样的。通过确定他晚年到达的高度，我还得出了"去增长共产主义"这一从未有人提过的新概念，而它将是构思未来社会的武器。

《哥达纲领批判》的新解读

这解释太牵强附会了吧？不，不是的。

为了探讨这一点，我们先来研究一下晚年的马克思在1875年所写的《哥达纲领批判》。这篇文章讨论了西欧社会变革。其中有一个段落很有名，马克思论述了当人们从资本的支配中解放出来，重新获得了劳动的自由时，财富的形式也会发生巨大的变化。留心这一段话中出现的"合作财富"[1]那个词。

---

[1] 此处我国翻译为"集体财富"，日语翻译为"協同的富"，因原文中作者对这一日语翻译提出了挑战，认为应该是"協同体的富"。为方便理解，此章按照日语原词进行翻译。——译者

在共产主义社会高级阶段，在迫使个人奴隶般地服从分工的情形已经消失，从而脑力劳动和体力劳动的对立也随之消失之后；在劳动已经不仅仅是谋生的手段，而且本身成了生活的第一需要之后；在随着个人的全面发展，他们的生产力也增长起来，而合作财富的一切源泉都充分涌流之后，——只有在那个时候，才能完全超出资产阶级权利的狭隘眼界，社会才能在自己的旗帜上写上：各尽所能，按需分配！[1]

根据马克思的观点，在未来的共产主义社会中，追求增加货币和私有财产的个人主义生产方式将被"合作财富"（der *genossenschaftliche* Reichthum）受到公共管理的生产方式所取代。用本书的说法，这就是一种"共有财富"的思想。

在这之前，马克思也经常使用"genossenschaftlich"一词。这个词的意思是"合作社的"[2]、"联合体的"（assoziation），通常译成"合作社生产""生产资料的合作社所有"等。

但"合作财富"一词却只在《哥达纲领批判》的日译版中出现过，而且只有一次。如果按照以前的用法，把它翻译成"合作社财富"，显得非常不自然。这句话就变成了"他们的生产力也增长起来，而合作社财富的一切源泉

---

[1] 日版《全集》，第19卷，第21页，强调引自原文。这一点感谢佐佐木高晴的启发。将来有必要检查这一时期的笔记来支持这一观点。（译文除"合作财富"一词外，均援引自《马克思恩格斯文集》第3卷，人民出版社2009年版，第435—436页。——译者）
[2] 此处日语原文为"協同組合的"。——译者

都充分涌流之后",很容易会被解读成对生产力至上主义的支持。但马克思在 1870 年代不可能采取这样的立场。

那么,《哥达纲领批判》中"genossenschaftlich"一词的来源很可能与他早期著作中不同。那它究竟是从哪里来的呢?

从《哥达纲领批判》的写作日期可以推断,它很可能源自日耳曼人的"马尔克公社"(Mark**genossenschaft**)。可能是马克思从对马尔克公社的公有制研究中得出的新见解影响了这段话。如果是这样,那么这里就应该翻译为"共同体财富"[1],而不是"合作财富"。对"共同体财富"进行共同管理,这样读起来就很自然。

也就是说,这整段话的意思是,在西欧也应该重新建立以马尔克式集体财富管理方法为范本的共产主义社会共同体。简而言之,就是稳态经济原则,而只有遵循这一原则才能让富裕喷涌而出。当然,这种富裕并不是一种什么都能无限生产的富裕,而是在第六章中将会叙述的,由"共有财富"所带来的"完全富裕"。

这就是马克思在最后几年所实现的伟大理论转变。

继承马克思的遗言

诚然,马克思没有以任何完整形式写下关于去增长共产主义的具体形式。然而,这是马克思晚年的一大成就,

---

[1] 此处日语原文为"協同体的富",即公社/共同体财富,与我国译词"集体"吻合。——译者

当我们把散见于 MEGA 中的马克思对自然科学和共同体的研究串联起来时，它自然而然就出现了。

再强调一遍，马克思的这一思想，之前没有人注意到过，这也导致了当代马克思主义的停滞不前和环境危机的加深。传统马克思主义一直拘泥于生产力至上主义，即使是批判苏联的那些马克思主义者也没有完全摆脱生产力至上主义的束缚。

然而，当代社会面临着生产力的无穷增长所招致的严重的环境危机，已经没有任何捍卫生产力至上主义的余地了。再加上我们在第二章中所看到的脱钩的困难，甚至连"生态社会主义"也不足以解决问题。

今天，资本主义全球化的规模相比 19 世纪已不可同日而语，它的矛盾也正威胁着人类的生存。我们必须追求马克思在晚年提出的去增长共产主义。马克思在生命的最后几年写给查苏利奇的信，正是他所留下的、让我们在人类世存活下去的至关重要的遗言。

马克思的理论转变是如此巨大，以至于他无法在死前完成《资本论》。但正是在他未能充分展开的探讨中，埋藏着能让现在的我们走向我们所寻求的未来社会的线索。

所以，为了应对"人类世"的危机，现在我们必须勇于对马克思进行新的解释。比如，进一步发展他在生命最后几年批判资本主义的相关见解，继承他在未完成的《资本论》中对"去增长共产主义"的理论化尝试。

第五章
逃避现实的加速主义

迈向"人类世"资本论

通过迄今为止的讨论,我们可以明确一点,那就是气候危机时代所需要的正是共产主义。

不断扩大的经济活动正在将全球环境破坏殆尽。此时,我们必须自己动手阻止资本主义,否则迎接我们的就是人类历史的终结。在气候危机时代,寻找一种非资本主义的社会制度至关重要。而共产主义正是"人类世"这一时代必须选择的未来。

然而,对于共产主义,也是众说纷纭。本书所追求的共产主义和马克思晚年的立场一致,就是去增长共产主义。然而,近年来在欧美广受支持的"左翼加速主义"(left accelerationism)却呈现出一种与它相反的趋势,企图通过加快经济增长速度来实现共产主义。

恕我直言,"加速主义"不过是在对马克思晚年的成就全然无知下冒失突进的异物，是持续了150多年的"生产力至上主义才是马克思主义真髓"这一误解的产物。然而，那些担忧环境危机的人却在认真探讨其可能性。

接下来，我将把"加速主义"作为一个反面教材来进行研究和批判。这样一来，我们可以更清晰地看到晚年马克思以及本书所追求的去增长共产主义的真实样貌。

这就是第五章的目的。

什么是加速主义？

加速主义追求可持续增长。它认为随着资本主义技术革命而到来的共产主义完全有可能实现经济可持续增长。

例如，年轻的英国记者阿龙·巴斯塔尼（Aaron Bastani）在他的《全自动豪华共产主义》(*Fully Automated Luxury Communism*)中探讨了这种可能性，并因此大受欢迎。

巴斯塔尼指出，气候变化与人口增长一起构成了21世纪文明层次的危机。特别是发展中国家的人口增长和经济发展将增加各种资源的消耗和无法耕种土地的面积，这会给地球增加很大负担，并可能会对气候危机产生不可逆转的后果。然而，我们不能要求发展中国家的人们继续忍受现在这样的生活。巴斯塔尼认为，这就是现有环境运动的困难所在。

到此为止，巴斯塔尼与本书在问题意识上是共通的。

然而，之后的观点却与本书截然不同。他认为，通过利用近年来取得迅速发展的一系列新技术，可以一举解决这些问题。

在巴斯塔尼看来，目前的技术革命是人类历史上的一个历史性转折点，可与农业的出现、对化石燃料的使用相媲美。

比如，养牛需要很大面积的土地，那我们应该怎么办呢？可以用工厂生产的人造肉代替牛肉。那折磨人的疾病呢？基因工程就是答案。自动化将人类从劳动中解放出来，但我们如何确保机器人运行所需的动力呢？无限、免费的太阳能可以解决这个问题！[1]

地球上锂和钴等稀有金属的数量当然是有限的。但是，巴斯塔尼说，这也不用担心。只要太空开采技术得以发展，就能从地球周围的小行星上开采这些资源。对巴斯塔尼来说，自然是无限的。

当然，这些技术在现阶段还不具备广泛应用性，即使进行商业化，也无利可图。但他还是很乐观。他预测，根据摩尔定律[2]，技术将以指数级的速度向前发展，很快这些技术都将实现商业化。

巴斯塔尼说，随着技术不断被应用于实际生产，该部门的生产力得以提高，将最终带来市场价格机制的革命性变化。因为价格机制只在存在稀缺性的地方才能发挥作

---

[1] Aaron Bastani, *Fully Automated Luxury Communism: A Manifesto* (London: Verso, 2019), 38.
[2] 摩尔定律是英特尔创始人之一戈登·摩尔的经验之谈，其核心观点认为集成电路上可以容纳的晶体管数目大约每经过 18 个月便会增加一倍。

用。例如，空气没有价格，因为不缺空气。像空气一样，太阳能和地热能也多得很。而且与化石燃料不同，扣除完设备折旧费后，这些能源都不要钱。

只要让生产力呈指数级增长，一切价格都会持续下降，最终形成一个不受自然约束也不受货币约束的"富裕经济"。巴斯塔尼称它为"全自动豪华共产主义"。届时，人们将可以随心所欲地自由使用免费产品，而不必担心环境问题。

对巴斯塔尼来说，这才算实现了马克思所说的"按需分配"。

将错就错的生态现代主义

但巴斯塔尼这种乐观预测反映的正是马克思在晚年所诀别的那种生产力至上主义。在最近，它被称作"生态现代主义"（ecomodernism）。生态现代主义就是通过完全使用核能和NETs（见第二章"从大气中清除二氧化碳的新技术？"一节）来"管理运用"地球。它是在认识到自然的极限后，试图通过管理自然以维持人类的生存，而不是与地球共存。第二章中提到的"突破研究所"就正在推广这种生态现代主义。

生态现代主义的问题在于其将错就错的态度。环境危机已经变得如此严重，现在已经没有回头路了。所以，我们必须进一步干预自然、管理自然来维持人类的生活。

法国哲学家布鲁诺·拉图尔（Bruno Latour）以"爱

你的怪物"来为生态现代主义辩护,他主张人类不应该放弃自己所创造的科技"怪物"。[1]

当然,巴斯塔尼也好,拉图尔也罢,所谓的生态现代主义都不过是罗克斯特伦所说的"逃避现实的思维"。在第二章中,我们已经看到了"绿色经济增长"派的欺骗性。既然脱钩那么困难,那么即使实现了共产主义,也不可能既保持环境的可持续性又维持无限的经济增长。

在巴斯塔尼的这种加速主义共产主义中,要把经济规模扩大一倍或两倍,就必须开采更多的资源。最终化石燃料被太阳能所取代,但节省下来的资源与其他资源的扩大开采量相抵消,二氧化碳排放量总体上仍在增加。"杰文斯悖论"(见第二章"杰文斯悖论——效率提高增加环境负担"一节)在共产主义社会中仍然会发生。

加速主义寻求以进一步增长来拯救世界于贫困,为此试图以其他能源来取代化石燃料等。但讽刺的是,它最终却加剧了对地球的掠夺,导致了更严重的生态帝国主义。

哪个才是"民间政治"?

这并不是加速主义的唯一问题。加速主义不仅在科学上是不合理的,而且其倡导的变革过程也有问题。

加速主义一直批判冷战结束后的左派,主要攻击目标

---

[1] Bruno Latour, "Love Your Monsters: Why We Must Care for Our Technologies as We Do Our Children", *Breakthrough Journal* no.2 (2011):19—26.

包括有机农业、慢食、本地生产本地消费和素食主义等形式的环境运动。加速主义指责这些运动本质上是地方性的小规模运动，对全球资本主义毫无抵抗力。

同为加速论者的尼克·斯尔尼塞克（Nick Srnicek）和阿列克斯·威廉姆斯（Alex Williams）将这种地方性的抵抗形式，称为"民间政治"（folk politics）[1]。在他们看来，去增长也是典型的"民间政治"。

那么，巴斯塔尼的"豪华共产主义"是如何避免落入"民间政治"的陷阱的呢？巴斯塔尼的答案是"选举"。他高举"选举主义"旗帜，试图发展一种"左翼民粹主义"[2]。

他的观点是这样的。国家应该进行政策诱导，促进实现经济繁荣所需的技术创新尽早出现。政府必须积极为研究开发提供资金、补贴等，也需要通过大胆的立法改革来放松监制。因此，有意识地推行这种政策的政党必须崛起。民众应该通过投票支持这样的运动。这就是巴斯塔尼式左翼民粹主义策略。

然而，即使巴斯塔尼的目标是实现重大的社会变革，但他所设想的通过选举进行共产主义革命，与加速派所批评的"民间政治"，在某种意义上一样天真。正因其天真，所以甚至可以说是危险的。

首先，通过政治改革来实现生产关系领域的转变以超越资本主义，这种想法就是天真，不过是典型的"政治主

---

[1] Nick Srnicek and Alex Williams, *Inventing the Future: Postcapitalism and a World Without Work* (London: Verso, 2015), 15.

[2] Bastani, *Fully Automated Luxury Communism*, op. cit., 195.

义"[1]理念的体现。

政治主义的代价——选举改变社会？

"政治主义"理念是指在议会民主制框架内通过投票选出好的领导人，然后把变革制度、法律等都交由政治家和专家来进行。人们等待一个极具魅力的领导人，在这样的人物出现时，就投票给他或她。所以，实现变革的关键在于投票行为的变化。

但这最终必然导致斗争范围被缩小为选举战，而其内容形式则包括公约、候选人的选择、利用媒体和社交网站进行的形象战略等。

代价也显而易见。巴斯坦尼举着共产主义旗帜，而共产主义本质上意味着生产关系的重大转变。但是，巴斯塔尼的共产主义是一个通过政治和政策来实现的"政治"项目，所以其中就不包括生产领域的变革。也就是说阶级斗争的视角消失了。

不仅如此，像罢工这样"老掉牙"的阶级斗争方式、游行示威和静坐这样"激进"的直接行动也越来越被政治主义所排斥，理由是在选举战时这些行为都会有损形象，妨碍合作。"面向未来的政策建议就留给专业人士吧"成了主流观点。

因此，在专家意见的权威性面前，外行人的"民间"

---

[1] 关于"政治主义"，可以参见前面出现的《走向未来的大分岔》，第一部分第二章。

意见受到压制。政治化的、自上而下的改革看起来很有效率，但代价却是民主范围的缩小，参与者的主体意识受到严重损害。

事实上，政策导向的社会变革是斯蒂格利茨等经济学家提倡的做法。回忆一下齐泽克对斯蒂格利茨的批判（见第三章"去增长新论的出发点"一节）。单纯依靠议会政治，并不能扩大民主的范围，改革整个社会。在面对资本的力量时，选举政治也必然会面临自身局限。政治并非独立于经济，反而受经济支配。

国家并不能实施凌驾于资本力量之上的法律（如果能做到这一点，早就做了）。所以，我们必须通过对抗资本的社会运动来扩大对政治领域的参与。

通过公民大会更新民主制度

近年来在欧美引起广泛关注的"气候公民大会"就是这样的行动之一。公民大会（citizens' assembly）因英国的"反抗灭绝"环保运动和法国"黄背心运动"而一战成名。虽然背景并不相同，但这两个运动都采取了关闭道路、桥梁，迫使公共交通停摆等方式，导致城市功能瘫痪、日常生活陷入极大混乱之中。

哪怕被逮捕也要发动的这些"激进"运动引起了公众的极大关注，但其细节在日本却基本不为人知。"黄背心运动"最终仅仅被理解为卡车司机、农民等低收入群体为反抗对引入燃油税以应对气候变化有"极高意愿的精英"马克龙而发起的运动。因此，公民大会的相关情况几乎没有得到报道。

事实上，"黄背心运动"的参与者中，有人甚至要求采取更大胆的措施来应对气候变化。马克龙之所以被批评，在于他试图在提高燃油税的同时削减对排放二氧化碳最多的富裕阶层征收的富人税，并削减农村地区的公共交通路线，迫使人们使用私家车生活。

面对强烈的批评，马克龙宣布将于2019年1月举行"全民大辩论"。最终，在法国全国各市镇举行了约10000次集会，并提交了超过16000份提案。即便如此，仍有民众感到不满，认为"辩论"只是形式。为了应付这一批评，马克龙宣布在同年4月举行之前所承诺的"气候公民大会"。

这样，法国组织起了一个150人规模的公民大会。公民大会被赋予的任务是制订一项计划，以达成2030年前温室气体排放量减少40%（与1990年相比）的目标。

公民大会的一大特点在于它的选出方式。成员不是通过选举，而是通过抽签决定的。这与通过选举构成的国会具有决定性的差异。当然，抽签并不代表完全随机。抽选出的成员，年龄、性别、学历和居住地等都经过调整，以期接近全国人口的实际构成。

在公民大会中，先由专家发表演讲，再由与会者进行辩论，最后通过投票做出整体决定。[1]

---

[1] 要了解公民大会相关动向，可以参阅三上直之：《气候变化与民主：在欧洲扩大的气候公民大会》，《世界》，2020年，第6期。

值得注意的是2020年6月21日公民大会提交给环境部部长博恩的最终结果。通过抽签选出的150位公民，提交了大约150条气候变化应对建议，其中包括从2025年起禁止新建机场，取消国内航班，禁止汽车广告，以及引入作为气候变化应对措施的专用富裕税，还呼吁就在宪法中写入气候变化应对措施、设立"生态灭绝罪"（eco-cide）进行全民投票。

公民大会的提案之所以会变得如此激进，与民主制度的形式发生的根本性转变不无关系。我更想强调的是这种变化来自于社会运动。

"黄背心运动"和"反抗灭绝"经常被批评为缺乏具体要求，但他们却以公民大会的形式参与到了比他们所要求的更为民主的政治中，并最终产生了具体的政策建议。

如果这些运动只是提出了具体要求，可能会被反映在政策中，但不可能达到改变议会民主制度本身的高度。因此，那些革命性的建议不会被采纳。这次公民大会的尝试证明，社会运动可以更新民主、行使国家权力，而不会陷入"气候权威主义"中。

我们因"隶属"于资本而无能

尽管存在公民大会等其他变革政治的可能方式，但是对很多人来说还是巴斯塔尼的观点更有吸引力，因为把未来全交给政治精英和技术专家显然会更轻松。如果巴斯塔尼是对的，那么我们要做的就是在社交媒体上与小伙伴们互相联系，在 Netflix 上看看电影，然后投个票，我们的社会就会改变，从此不必担心高昂的学费贷款、工作的不稳定、气候变化的影响。

巴斯塔尼并不要求彻底改变我们的帝国式生活方式。只要我们投票，就可以继续两年买台新 iPhone，穿着 Zara、H&M 这些快时尚，吃着麦当劳的汉堡。说得极端点，为了去星级餐厅用餐，坐着私人飞机满世界飞来飞去也行。巴斯塔尼的"豪华共产主义"甚至允许这种自由。只要有新技术，就完全不用在意资源的制约和地球环境的极限。

从这些例子中你应该立刻就能明白，巴斯塔尼所说的"豪华共产主义"可以很容易转变为消费主义性富裕，从而被纳入资本主义框架之中。也就是说，巴斯塔尼的观点看起来很激进，但实际上只是硅谷式资本主义的翻版。

简而言之，巴斯塔尼非常热爱资本主义，尽管他嘴上在批判资本主义。但确实也有人被巴斯塔尼的加速主义所吸引。

这反而证实了这样一个事实，那就是在发达国家的我们比以往任何时候都要"无能"。我们是如此无能，以至于下意识地觉得没有资本主义我们就无法生存，于是连理应给出对立方案的左派也变得缺乏想象力。

人类已经获得了前所未有的技术，可以主宰大自然，并对整个地球施加巨大的影响。但同时，在大自然的力量面前，我们却变得比以往更加无能为力。

即使是最有环保意识的人也是如此。为了维护自然、健康而选择有机食品的人群中，多数人只会去食品卖场购买包装漂亮的鲑鱼、鸡肉等"商品"。

我们几乎都不具备自己饲养动物、捕捞活鱼和亲手处理它们的能力。可很久以前,人们甚至自己制作相关工具。相比之下,被卷入资本主义之中的我们,作为生物真是无能。离开了商品,我们谁都活不下去。我们已经失去了与自然共生的技能。[1]我们的城市生活只能通过对边缘的掠夺才能维系。

曾风靡一时的"乐活"(LOHAS)[2]并没有试图克服这种无能状态,而是希望仅仅通过消费来实现可持续发展,结果失败了。致力于持续增长的商品经济能把消费者意识水平的变化轻而易举地吞噬殆尽。

这种吞噬,借用马克思的概念来说,就是"隶属"。我们的生活"隶属"于资本,进而变得无能。从根本上而言,巴斯塔尼的理论局限性与乐活是一致的,那就是无法克服对资本的隶属。

从对资本的隶属到专制

完成了对资本的隶属后,我们就被剥夺了技能和自主

---

[1] 罗布·霍普金斯(Rob Hopkins)曾严厉批判道:"可以毫不夸张地说,就实用技能而言,我们是有史以来在地球上生活的最无用的一代人类。"罗布·霍普金斯:《过渡手册——迈向具有区域弹性的无油社会》,城川桂子译,第三书馆,2013年,第154页。另外,用伊万奇(Ivan Illich)的话说,这种无能是一种"根本垄断"。伊万·伊里奇:《能量与公平》,大久保直干译,晶文社,1979年,第45页。
[2] Lifestyles of Health and Sustainability 的缩写,意为以健康及自给自足的形态过生活,是全球兴起的一种新的健康可持续生活方式。——译者

性，离开了商品和货币再也无法生存。由于已经习惯了这种舒适生活，甚至无法设想一个不同的世界。

用美国马克思主义者哈里·布雷弗曼（Harry Braveman）的话说，由于整个社会隶属于资本，"概念"和"执行"的统一性已经被瓦解。让我简单地解释一下这是什么意思。

在人类劳动中，"概念"和"执行"本是统一的。例如，一个工匠在脑海中有了制作一把椅子的概念后，就用凿子或钢锯来实现它。在这种劳动过程中存在着一系列统一流程。

然而，对资本来说，这却是种不利状况。如果生产依赖于工匠的技能和洞察力，就不得不配合他们的工作节奏和时间，也就无法提高生产力。如果强迫他们工作，骄傲的工匠们可能会因被冒犯而辞职。

因此，资本仔细观察了工匠们的工作。然后，它把每道工序不断细分，测量完成每项任务所需的时间，并以更有效的方式重新组织起工厂内的分工。工匠们只能甘拜下风。如今，把谁都可以完成的简单作业集合起来，就能更快地完成与工匠所做质量相同或更好的产品。

其结果是工匠的没落。另一方面，资本垄断了形成"概念"的能力。雇来替代工匠的工人只需"执行"资本的命令就行。"概念"和"执行"是相互分离的。[1]

由于工作效率的提高，整个社会的生产力大大提升，

---

[1] 哈里·布雷弗曼：《劳动与垄断资本：20世纪劳动的衰落》，富泽贤治译，岩波书店，1978年，第128页。

但个人的生产能力却在下降。现代工人已经无法像过去的工匠那样单独完成一件产品。组装电视和电脑的人并不知道电视和电脑是如何工作的。

现在,工人只能通过为资本工作来实现自身劳动。因此,他们被剥夺了自主性,只能变成机器的"零配件"。他们失去了形成"概念"的主体性能力。

另一方面,资本的支配力量也在相应增加,通过对隶属资本的劳动过程进行重组,终于完成了"资本的专制"。

现在,对资本的隶属已经超越了劳动过程,延伸到了各个领域。因此,尽管生产力得到了发展,我们却无法形成对未来的"概念"。相反,我们不得不越来越彻底地隶属于资本,只会"执行"它的命令。

技术和权力

看看"资本的专制",它就是通过这样一个过程完成的!这样你还看不出巴斯塔尼的加速主义中隐藏的真正危险吗?如果仅仅追求新技术的加速发展,就只会进一步加深"概念"和"执行"之间的分离,最终不过是进一步加强了"资本的专制"而已。

这样一来,只有少数垄断知识的专家和政治家才能构思和决定使用哪些技术以及如何使用。资本将只需吸纳这些人。即使新技术可以解决很多问题,"自上而下"单向引入的解决方法很有可能只会让一部分人受益。

让我们以地球工程(Geoengineering)为例来讨论一

下这个问题。地球工程是应对气候变化的新技术，近年来受到广泛关注。

有许多不同类型的地球工程，但它们都有一个共同特点，即通过干预地球系统本身来操纵气候。具体包括在平流层中散布硫酸气溶胶以阻挡阳光进而冷却地球，在太空中放置镜子以反射阳光，向海洋注入铁元素来给海水施肥，从而促进海洋浮游生物的生长进而刺激光合作用等。提出"人类世"概念的保罗·克鲁岑也提出了不少的地球工程方案。地球工程就像是"人类世"的象征性工程。

然而，大量散布硫酸和铁会给气候和海洋系统带来怎样的影响，又会对生态系统和人们的生活带来何种副作用，还有太多未知数。很有可能会加剧酸雨和空气污染问题，而水质污染和土壤污染又会对农业和渔业产生重大影响。如果降雨模式改变，某些地区的情况可能会进一步恶化。

但至少能做到精确计算，让灾难只在亚洲和非洲发生，而不会波及美国和欧洲。于是，资本主义的老套路又开始了，负担被转嫁给外部，物质代谢的裂缝加深。

这样一个少数政治家和资本相勾结的自上而下的社会，真称得上理想社会吗？

安德列·高兹的技术理论

或许有人会说，你这样谴责加速主义，就是想拒绝资本主义的生产力和技术发展，美化原始粗俗的生活方式。

但马克思本人在晚年并没有放弃科学，也没有说我们要回到农业公社那种特有的习俗中去。

诚然，正如我们在第四章中所看到的，马克思在晚年拒绝了进步主义历史观，高度评价了前资本主义性共同体中强调传统的稳态经济，但这并不意味着他拒绝科学和技术。马克思只希望生产者能利用自然科学来"合理地调整"自身与自然之间的物质代谢。[1]

要不要放弃科学，这种极端的二元对立之争本身毫无意义。很明显，今后也必须发展可再生能源、通信技术等。

值得我们注意的是法国马克思主义者安德列·高兹（André Gorz）在生命最后几年所进行的细致探讨。

首先，高兹明确指出了资本主义技术发展的危险性。高兹认为，全靠专家的生产力至上主义最终会导致对民主的否定，进而导致对"政治和现代的否定"。[2]

高兹还说，为了避免生产力至上主义的危险，必须区分"开放性技术"和"封闭性技术"。"开放性技术"是指那些"促进与他人的沟通、协作和互动等交流"的技术。而"封闭性技术"则是指那些分裂人们、"奴役用户"、"垄断产品和服务供应"的技术。[3]

"封闭性技术"的典型代表是核电。长期以来，核电一直被视为一种清洁能源。但出于安全考虑，核电必须与公众隔绝，相关信息管理也必须秘密进行。这就带来了不透

---

[1] 日版《资本论》，第3卷，第1435页。
[2] André Gorz, *Écologica* (Paris: Galilée, 2008), 48.
[3] André Gorz, *Écologica*, 16.

明性，而不透明性又可能导致严重的事故。

以民主方式管理核能是不可能的。"封闭性技术"的本质注定了核能管理需要的是自上而下的中央集权型政治，与民主管理无缘。因此，技术和政治并非毫无关联。特定的技术与特定的政治形式紧密相连。

在气候变化的文脉中，地球工程也好，NETs也罢，当然都是否定民主的"封闭性技术"。

"封闭性技术"不适合全球危机

地球工程会给整个地球带来不可逆转的巨大变化。可光顾着经济增长，最终可能不得不求助于地球工程。等一下，这样真的好吗？就没有更民主的解决方案吗？我们需要先停下来想想。

然而，危机越严重，人们的目标就越集中于如何生存下去，也就越没有余力停下来思考。到那时再想，就为时已晚。如果强力领导人对公民的自由施加极端限制，但只要能得救，人们也会接受。随之而来的是把本国民众放在第一位的民族主义和不民主的强权体制，也就是气候权威主义。

然而，气候危机是真正的全球危机。污染可以转移到边缘地区，但没有一个发达国家可以最终逃过气候危机的破坏性后果。接下来的考验就是全人类是否能团结一致，避免最坏的情况发生。

在这场考验中，地球工程和NETs这样以牺牲"外部"

利益来保全发达国家的"封闭性技术"并不适合。

技术夺走了想象力

此外,技术还有更深层的问题。人们总是煞有其事地吹嘘,发明的新技术将创造出一个从未想象过的美好未来,甚至将其冠以技术"革命"之名。于是,越来越多的税金和劳动力被投入到开发"有用"的技术中去(而人文科学被视为"无用",一直在被削减相关预算)。

生态现代主义的地球工程和 NETs 技术所承诺的未来看上去光鲜亮丽,实际上却只是一个延续使用化石燃料这一现状的未来。这些梦幻般的技术是如此光鲜亮丽,以至于我们看不到真正的问题所在,那就是现状(status quo)延续是不合理的!然而,技术本身已经变成了掩盖现有系统不合理性的意识形态。

换句话说,面对这场危机,技术压制、排除了创造一种完全不同的生活方式和创建一个去碳化社会的可能性。

危机本应成为我们反思自己过去的行为,构思一个与之不同的未来的契机,然而专家们借由垄断技术剥夺了不可或缺的想象力和构思能力。事实上也有许多人认为,技术必定能解决气候变化问题。

也就是说,正是技术这一意识形态造成了当代社会普遍存在的想象力贫乏。为了能够再次设想出另一个社会,我们必须抵制对资本的隶属,重新夺回我们的想象力。而马克思的"去增长共产主义"就是这种想象力的源泉。

思考另一种富裕

之所以如此详细地讨论巴斯塔尼的加速主义,是因为他观点中的问题清楚地显示了我们所面临的挑战。也就是说,为了夺回想象力,必须找到一条不同的道路,一条超越"封闭性技术"、不受 GAFA [1] 这种大公司所控制的道路。

首先我们需要"开放性技术"。不要被"封闭性技术"所带来的自上而下式政治主义所诱惑。必须探索可以发展人们自我管理能力的科技潜力。

巴斯塔尼至少向我们表明,"富裕"对资本主义而言是危险的,却能成为共产主义的一个关键概念。市场的价格机制以稀缺性为基础,"富裕"则会扰乱这种机制。

但是,如果真的要挑战资本主义,必须以与资本主义式消费主义不相容的方式重新定义"富裕"。我们不应该去赌技术有了指数级发展就可以保持现有生活不变这一条路,而必须改变生活本身,从中找出新的富裕。换句话说,我们必须切断经济增长与富裕的联系,认真思考去增长与富裕的搭配。

让我们面向现实,寻找新的富裕。这样我们应该就能注意到一个事实,那就是为了经济增长而反复进行的"结构改革"实际上造成了全世界贫富差距的进一步扩大,使到处充斥着贫困与紧缩。世界上最富有的26个资本家所拥

---

[1] 谷歌(Google)、苹果(Apple)、脸书(Facebook)和亚马逊(Amazon)这四大互联网巨头的缩写。

有的财富相当于最贫穷的 38 亿人（约占世界人口的一半）的财富总和。[1]

这是一个巧合吗？不，难道不应该这么想吗？资本主义本就是创造稀缺性的制度。我们通常认为，资本主义带来了繁荣与富裕，可事实正好相反。

下一章我们将与马克思一起探讨稀缺性与富裕性以及资本主义之间的关系，更深入地思考"人类世"的资本问题。

---

[1] 《朝日新闻》数字版：《"26 位富人的资产"="38 亿人"，差距越来越大》，2009 年 1 月 22 日：https://www.asahi.com/articles/ASM1Q3PGGM1QUHBI00G.html (last access on 2020.5.15)。

第六章
贫穷的资本主义，富裕的共产主义

资本主义生产贫穷

带来富裕的是资本主义还是共产主义？大多数人都会立即回答说是资本主义。资本主义带来了人类历史上前所未有的技术发展，也带来了物质丰富的社会。许多人会这么想，而这确实也是资本主义的一个侧面。

但现实并非如此简单。我们必须这么问，对于我们99%的人来说，贫穷不是资本主义造成的吗？资本主义越发达，我们不就越穷吗？

土地是资本主义生产贫穷的典型案例。看看纽约、伦敦，一套一室户小公寓的售价往往可以达到数亿日元，月租金几十万日元的随处可见。面积大点，租金甚至可以达到数百万日元。买卖这些房屋的人并不是为了居住，而是为了投机。投机性房屋的数量不断增加，而许多公寓都没有人住。

同时，那些付不起房租的人却被赶出他们住了多年的房间，无家可归的人也在不断增加。实际上有那么多的投机房空置着，却有这么多的人无家可归。从社会正义的角度而言，这完全是种丑闻。

即使是相对富裕的中产阶级也很难住在曼哈顿。光是为了支付租金，就得玩命工作。而个体户早就不可能在纽约或伦敦的中心地区设立办公室、开设商店。这种机会只对大资本开放。

这真称得上富裕吗？对许多人来说，这是贫穷。是的，资本主义是一个不断生产出贫穷的系统。

另一方面，与流行的看法相反，共产主义能带来某种富裕。

比如，禁止以投资为目的的土地出售，把土地价格减半，甚至减到三分之一，如何？土地价格说到底是人为赋予的。价格的降低根本不会改变土地的"使用价值"（有用性）。而人们将不必像过去那样辛苦地长时间工作，就能住在这片土地上。这就能让人们的"富裕"得到恢复。

还是马克思，他对资本主义生产的稀缺性和共产主义带来的富裕之间的关系所做的解释对我们极有帮助。在《资本论》第一卷中，马克思对"原始积累"的洞察，意味深长。让我们快来看一下。

"原始积累"增加人造稀缺性

"原始积累"一般是指16世纪和18世纪，主要发生在英国的"圈地运动"（Enclosure），也就是把农民从共同管理的农田强行赶走。

为什么资本要进行"圈地运动"呢?是为了利润。圈来的地或被用做牧场,因为养羊利润更高,或转为诺福克(Norfolk)轮作制这种资本更密集的大土地所有制农业。

在圈地运动中,农民被暴力赶走,在失去家园和生产资料后纷纷涌向城市寻找工作。于是这些人就变成了雇佣工人。[1] 圈地运动为资本主义的起飞准备了条件。

由于马克思的"原始积累"理论采取了上述历史叙事的方式,常常被理解为是对资本主义的血腥"前史"所做的描述。这种理解方式完全没能抓住马克思的"原始积累"理论作为资本主义批判的意义所在。

实际上,马克思的"原始积累"理论是从"富裕"和"稀缺性"的角度重新探讨了圈地运动的过程。根据马克思的观点,"原始积累"是指资本瓦解"共有财富"的富裕,增加人造稀缺性的过程。也就是说,从一开始到现在,资本主义的增长都是通过让人们的生活变得更加贫穷来实现的。

先来回顾一下历史,我来详细讲讲这一过程是如何实现的。

公有地瓦解推动资本主义起飞

正如第四章对日耳曼人和俄国农业公社的讨论所表明

---

[1] 当然,他们不可能突然就变成了勤劳的工人。最初变成了流浪者、乞丐、土匪,威胁着城市的安全。于是,国家暴力不得不对他们进行规训,让他们变成守时、认真的工人。

的,在前资本主义社会,公有地由共同体成员共同管理,大家在公有地上劳动和生活。之后,随着战争、商品市场的发展,共同体发生了解体,但是仍然存在共同使用的土地,即未开垦土地和开放的耕地。

土地是基本生产资料,它不是个人可以自由买卖的私人所有物,而是由整个社会来管理的。在英国,也有类似未开垦土地这样的"公有地"(commons)。人们在公有地上根据自己的需要,采摘果实蘑菇、收集柴火、捕鱼打鸟,获取生活必需品,还会用森林中的橡子来饲养家畜。

但这种公有地的存在与资本主义是不相容的。如果每个人都能自己搞定自己的生活必需品,就没人需要特意购买市场上的商品,而这些商品就会完全卖不出去。

所以必须通过圈地运动,把这种公有地彻底瓦解,并将其转化为具有排他性的私有地。

结果极为悲惨。人们被从自己生活的土地上赶走,被剥夺了生活资料。雪上加霜的是,以前的采摘活动现在竟变成了犯罪行为,被冠上了非法侵入罪、盗窃罪之名。由于失去了共同管理,土地变得荒芜,农牧业衰退,人们难以获得新鲜的蔬菜和肉类。

另一方面,失去生活资料的多数人被迫来到城市,成为雇佣工人。低工资使他们根本无法送孩子去上学,整个家庭都得努力工作。即便如此,还是买不起昂贵的肉类和蔬菜。食物的质量下降,能买到手的种类减少。没有时间也没有钱,传统的食谱毫无用处,做饭也只是把土豆煮煮或烤烤。人们的生活质量明显下降。

然而,站在资本的角度来看却是一幅截然不同的景象。资本主义社会是一个人们可以在市场上自由买卖一切的社会。被从土地上赶走的人们失去了生存所必需的生活资料，不得不出卖自己的劳动力来获取货币，然后在市场上购买自己的生活资料。于是商品经济得到了迅速发展。这样，资本主义就有了起飞的条件。

从作为"共有财富"的水到垄断性化石资本

这不仅仅是土地问题。要使资本主义起飞，还得把人和河流这一共有物隔离。河流不仅能提供饮用水和鱼，还是一种充足、可持续、免费的能源来源。

英国的工业革命离不开对煤炭这一化石燃料的使用，这最终导致了今天的气候危机。结合这一背景再来看免费的水力，就耐人寻味了。

你也许会不由好奇，为什么要把免费的水力排除在外？显然，这里也涉及稀缺性问题。资本主义的兴起所必不可少的能源，必须是稀缺资源。因为只有不充足、只存在于某些特定地方的稀缺资源才能被垄断。

马克思主义历史学家安德里亚斯·马尔姆（Andreas Malm）的《化石资本》（*Fossil Capital*，2016年）一书从与资本主义的关系角度解释了人类为何放弃了水力，他的观点对我们理解这一点极有帮助。

一般来说，技术发展的历史往往是以"马尔萨斯（Thomas Robert Malthus）主义"的解释为基础。即随着经济规模的扩大，会出现资源短缺的情况。而由于这种短缺，物品价格上升，就会激励人们去发现、发明新的廉价替代品。这就是马尔萨斯式的解释。

然而，此前我们已经提到了，在自然界水力是充足的，也是完美的具有可持续性的廉价能源，是可以共同管理的"共有财富"。那么，人们为什么会从免费、充足的水力转向花钱、稀缺的煤炭呢？马尔萨斯的学说在这里解释不通。

马尔姆说，为了解释这种转变，有必要把"资本"也考虑在内。当时的公司开始采用化石燃料，不仅仅是将其作为一种能源，更是作为一种"化石资本"。

与河流中的水不同，煤炭和石油都是可以运输的。最重要的是，它们都是有排他性、可垄断的能源来源。这种"自然"属性具备有利于资本的"社会"意义。

把水车改成蒸汽机，就能把工厂从河边搬到城市内部。沿河地带劳动力稀缺，使工人对资本具有优势。而把工厂搬到城市，那里有大量渴求工作的工人，这下资本就能占据上风，问题就解决了。

在城市中，资本完全垄断了稀缺的能源来源，并在此基础上组织生产。这样一来，资本和工人之间的权力关系立刻发生了变转。[1] 所以，煤炭在本质上就是一种"封闭性技术"（见第五章"安德列·高兹的技术理论"一节）。

结果，水力这种可持续能源被推到了一边，煤炭成为生产的支柱。在生产力不断提高的同时，城市的空气被污

---

[1] Andreas Malm, *Fossil Capital: The Rise of Steam Power and the Roots of Global Warming* (London: Verso, 2016).

染,工人们不得不工作到死。而从那时起,化石燃料的二氧化碳排放量就一个劲地往上跑。

共有物曾经很充足

这里的重点是,在原始积累开始之前,土地和水等共有物都很充足。共同体内的所有成员,都可以根据自身的需要免费获得这些东西。

当然,成员们不能随心所欲地使用,而必须按照一定的社会规则进行使用,违反者将遭受惩罚。因为这是免费的共有财产,只要遵守规则,所有人都能使用。

而且,正因为共有物是共同财产,人们会对它进行适当照顾,而且生产的目的并非是获取利润,所以也不会过度干预自然,这就实现了与自然的共存。第四章中提到的马尔克公社,它的可持续性奥秘就在于此。

但是,圈地运动后的私有制破坏了人与自然之间的这种富裕的可持续关系。以前可以免费使用的土地,现在成了不付使用费(租金)就不能用。原始积累瓦解了原本充足的共有物,人为制造出了稀缺性。

从前的未开垦地变成了私人所有。在私有制下,一旦通过金钱获得了土地,就可以随心所欲地使用它,不会受到任何人的干扰。所有者拥有一切自由。这种自由恶化了其他绝大多数人的生活,导致土地荒芜、水质受到污染。可谁都阻止不了所有者的这种随心所欲的自由。

而其他人的生活质量则相应降低了。

私人财产正在减少公共财富

事实上,早在 19 世纪就已经有过关于这种矛盾的讨论了。劳德代尔伯爵(James Maitland, 8th Earl of Lauderdale)是活跃于 19 世纪初的政治家和经济学家,他在作品《公共财富的性质和起源》(*An Inquiry into the Nature and Origin of Public Wealth*,1804 年)中讨论了这个问题。

这一矛盾在今天被称为"劳德代尔悖论"。一言以蔽之,私人财产(private riches)[1]的增加是由公共财富(public wealth)的减少所产生的。[2]

这里的"公共财富"是指所有人的财富。劳德代尔认为其是"由人类所渴望的,对其有用或带来愉悦的一切事物组成"。

而"私人财产"则是指个人的财富。它也被定义为"由人类所渴望的,对其有用或带来愉悦的一切事物组成",但"其存在具有一定的稀缺性"。[3]

简而言之,"公共财富"和"私人财产"的区别在于是否存在"稀缺性"。

---

[1] 在下一节"'价值'与'使用价值'的对立"中,日语用"财产"一词对应 riches,并对 riches 与 wealth 做了区分。为方便理解,riches 统一翻译为"财产"。——译者

[2] 美国环境经济学家赫尔曼·戴利重新关注了这个悖论。他以倡导"稳态经济"而闻名。Herman E. Daly, "The Return of Lauderdales Paradox", *Ecological Economics* 25, no.1 (1998): 21—23.

[3] James Maitland, Earl of Lauderdale, *An Inquiry into the Nature and Origin of Public Wealth: and into the Means and Causes of its Increase* (Edinburgh: Archibald Constable and Co., 1819), 58. 强调引自原文。

"公共财富"是所有人的共同财产,所以它不受稀缺性的影响。但如果稀缺性不增加,"私人财产"就不可能增加。因此,通过瓦解多数人所需要的"公共财富",有意识地使它稀缺化,就可以增加"私人财产"。换句话说,稀缺性的增加会带来"私人财产"的增加。

这种以牺牲他人利益来为自己牟利的行为居然可以被合法化,这叫人一时之间很难理解,但这样的行径确实正在劳德代尔的眼前不断上演。不,这就是资本主义的本质。这个问题也一直延续到了今天。

比如对人们而言,充足的水资源不仅是理想的,也是必要的。在这样的状态下,水是免费的。这就是"公共财富"的理想状态。

但要是能够以某种方式制造出水的稀缺性,就可以把水商品化,并为其定价。人们可以自由使用的免费的"公共财富"就此消失。但"私人财产"会增加,因为可以把水装瓶里卖掉来赚钱。以货币衡量的"国家财富"也将因此而增加。

是的,劳德代尔的论点可以看作是对亚当·斯密所提出的"私人财富"的总和就是"国家财富"这一观点的直接批评。

也就是说,在劳德代尔看来,"私人财富"的增加虽然增加了以货币衡量的"国家财富",却导致"公共财富"也就是共有物这一真正的国民财富的减少。于是,人们失去了使用生活必需品的权利,变得贫穷。"国家财富"增加了,但国民生活却越发贫穷。也就是说,与斯密不同,劳德代尔认为真正的富裕取决于"公共财富"的增加。

劳德代尔还举了其他各种例子。例如，在烟草的收成过多时，商人会把收获的烟草烧毁；他们也会通过法律禁止在葡萄酒专用的耕地种植葡萄，以减少葡萄酒的产量。资本就这样制造出了烟草和葡萄酒的稀缺性。[1] 原本应该庆祝丰收，可为了维持价格却要故意销毁作物，因为供应过剩会使价格下降。

稀缺性随着富裕的减少而增加。"私人财产"随着"公共财富"的减少而"增加"。这就是"劳德代尔悖论"。

"价值"与"使用价值"的对立

但劳德代尔本人并没有进一步发展这一悖论。而马克思所探讨的关于商品的基本矛盾，恰恰就是财产（riches）与财富（wealth）之间的这种矛盾。

用马克思的话来说，"财富"就是"使用价值"。"使用价值"指的是空气、水等具有满足人们某种需要的效用，并且它早在资本主义建立之前就已经存在。

而"财产"则是用货币来计算的。它是商品"价值"的总和。"价值"只存在于市场经济中。

根据马克思的观点，资本主义中商品受"价值"规律支配。增加"价值"是资本主义生产的首要任务。

结果，"使用价值"被降格为实现"价值"的手段。在前资本主义社会，社会经济活动的根本目的在于生产"使

---

[1] *An Inquiry into the Nature and Origin of Public Wealth: and into the Means and Causes of its Increase*, 53—55.

用价值",由此来满足人类的需求。然而进入资本主义社会后,"使用价值"不仅被剥夺了原有的地位,更被牺牲、摧毁,以换取"价值"的增殖。马克思将其理解为"价值与使用价值之间的对立",并以此批判资本主义的不合理性。

不是"公有地悲剧",而是"商品悲剧"

让我们再举一个水的例子。至少在日本,水资源是很充沛的。所有的人都要靠水才能活下去,这就是水的"使用价值"。因此,水本不属于任何人,应该是免费的。然而,今天我们可以看到水已经成了装在塑料瓶中在市面上流通的商品。成了商品的水,已经转变成了一种只有通过支付货币才能使用的稀缺品。

同样的事情也发生在自来水厂。在自来水厂私有化后,水费开始上涨,超过了维护系统所需的最低限度,因为企业的目的是盈利。

有人认为,给水定价是让人们珍惜水这种有限资源的一种方法。如果水是免费的,大家就会浪费它。这就是生态学家加勒特·哈丁(Garrett Hardin)所提出的著名的"公有地悲剧"(The Tragedy of the Commons)观点。

但是,给水定价,就会滑向把水本身视为"资本"的思维中,并试图增加水作为投资对象的价值。这会导致一系列的问题。

例如,供水企业可以对无力支付水费的贫困家庭切断供水；可以故意减少供水量来提高价格，以谋取更大的利润；也可能减少人员费用、管理和维护经费，却对水质恶化毫不在意。最终水这一共有物被瓦解，普遍获取性、可持续性和安全性也都被损毁。

通过商品化，水的"价值"得以增加。然而，人们的生活质量却在下降，水的"使用价值"也被损毁。作为共有物，本是免费而又富裕的水，通过商品化最终变成了稀缺的付费商品。所以，这不是"公有地悲剧"，"商品悲剧"才是更正确的称呼。[1]

不仅仅是新自由主义的问题

马克思主义地理学家大卫·哈维（David Harvey）把原始积累定义为"掠夺式积累"，并将资产阶级利用国家从工人阶级手中夺取财富这一过程，视为新自由主义的本质。哈维批评马克思把"掠夺式积累"限制在资本主义的"原始阶段"，认为这是马克思的"缺陷"。[2] 但哈维完全没有抓住"原始积累"的核心要点，反而是把"掠夺"只限定在了新自由主义。

---

[1] Stefano B. Longo, Rebecca Clausen, and Brett Clark, *The Tragedy of the Commodity: Oceans, Fisheries, and Aquaculture* (New Brunswick: Rutgers University Press, 2015). 首先，所谓的"公有地悲剧"观点——共有物可以供不特定的人使用的话，会导致先下手为强，掠夺最终会导致资源枯竭——是错误的。相反，正如经济学家埃莉诺·奥斯特罗姆获得诺贝尔奖的研究所显示的，存在着许多可持续生产的案例。Elinor Ostrom, *Governing the Commons: The Evolution of Institutions for Collective Action* (Cambridge: Cambridge University Press, 2015).

[2] 大卫·哈维：《新帝国主义》，本桥哲也译，青木书店，2005年，第146页。

马克思当然没有把"原始积累"仅仅看作是资本主义的"前史"。马克思指出,通过瓦解共有物来人为地制造出稀缺性是"原始积累"的本质。他认为"原始积累"是一个通过资本主义的发展不断持续、扩大的基本过程。

新自由主义的紧缩政策可能最近就要结束。不管是新自由主义还是什么主义,只要资本主义继续存在,"原始积累"就会持续下去。而资本则通过维持和增加稀缺性来增加利润。对于我们99%的人来说,这意味着稀缺性将永远存在。

稀缺性和灾难资本主义

这里先总结一下到目前为止的讨论。对所有人而言,共有物都有"使用价值"。因为它对所有人都是有用和必要的,所以共同体禁止对共有物的垄断性占有,并把它作为一种集体财富来进行管理。它不被商品化,就不能被标价。对人们而言,共有物是免费的,也是充足的。当然,这种情况对资本而言,是不利的。

但是,通过某种方式人为地创造出稀缺性的话,市场将能够给任何东西定价。是的,就像"圈地运动"瓦解了公有地,制造出土地的稀缺性那样,土地所有者就可以利用其收取租金(使用土地的费用)。

土地也好水也好,对比"原始积累"的前后就能看出,它们的"使用价值"(有用性)并没有发生变化。从共有物转为私人所有后,真正的变化在于稀缺性。稀缺性的增加，增加了商品的"价值"。

结果，人们失去了获得生活所需产品的机会，变得贫穷。以货币衡量的"价值"增加了，而人们却越来越穷。不，应该说为了增加"价值"，生活质量被故意牺牲掉了。

因为哪怕是破坏、浪费这样的行为，对资本主义而言也是机会，只要它们能创造出稀缺性。通过破坏和浪费，让原本充足的东西变得越来越稀缺，资本就有了实现价值增殖的机会。

这就是为什么气候变化也可以成为商业机会。气候变化造成水、耕地和住房等的稀缺。随着稀缺性的增加，需求将超过供应，这将为资本提供获取巨大利润的机会。

这就是从灾难的冲击中乘机获利的"气候变化休克主义"（climate change shock doctrine）[1]。如果只想着赚钱，那么就算是牺牲人们的生活也要维持稀缺性的做法也可以说是"合理的"。

"新冠休克主义"是另一种灾难资本主义。回忆一下2020年的春天，在新冠疫情中，美国的超级富豪们的资产增加了62万亿日元。[2]

稀缺性的增加是以牺牲"使用价值"带来私人财富的增加。这就是"价值和使用价值的对立"，是资本主义不合理性的体现。[3]

---

[1] 这一概念来自加拿大女作家娜奥米·克莱恩的著作《休克主义：灾难资本主义的兴起》。——译者
[2] "美国富人的财富在新冠疫情的三个月内增加了62万亿日元。"见 https://www.cnn.co.jp/business/35154855.html (last access on 2020.6.22)。
[3] 近年来这种矛盾参照劳德代尔的悖论，被发展为"财富悖论"。John Bellamy Foster and Brett Clark, *The Robbery of Nature: Capitalism and the Ecological Rift* (New York: Monthly Review Press, 2020), 158.

现代工人就是奴隶

现在让我们进一步看看共有物瓦解所带来的稀缺性。

那些失去共有物的人被扔进了商品的世界。他们面临的是"货币稀缺性"。世界上充满了商品。但是没有钱,我们就不能买任何东西。只要有钱,就可以得到任何东西。但获得金钱的方式非常有限,我们总是处于贫穷状态。因此,为了生存,我们不顾一切地追求金钱。

在过去,人们一天中工作几个小时,得到他们所需要的东西后,就能悠闲度过剩余时间。睡睡午觉,嬉耍玩闹,互相聊聊天。[1]然而现在却为了获得金钱,不得不在他人的命令下长时间工作。时间就是金钱。每一分、每一秒都不能浪费,因为时间是稀缺的。

马克思经常把资本主义下工人的生存方式称为"奴隶制"。[2]工人和奴隶一样,不管愿不愿意,都得无休止地工作,没有空闲。在某些情况下,现代工人的情况甚至更糟。在古代,奴隶们的生存相对有保障,因为很难找到替代者,反而还会受到重视。

相比之下,资本主义下有的是工人的替代品。如果工人被解雇,找不到工作,最终会被饿死。

---

[1] 詹姆斯·苏兹曼(James Suzman):《布什曼人知道"真正的富裕"》,佐佐木知子译,NHK出版社,2019年。另外,请阅读大卫·格雷伯关于马歇尔·萨林斯(Marshall David Sahlins)向萨摩亚岛民传教布道的笑话。大卫·格雷伯:《债务理论:500年的金钱与暴力》,酒井隆史监译,以文社,2016年,第589页。
[2] 关于奴隶制和雇佣劳动之间的关系,具体可以参考上村邦彦:《隐藏的奴隶制》,集英社新书,2019年,第四章。

马克思把这种不稳定称为"绝对的贫困"[1]。"绝对的贫困"一词高度概括了一个事实，那就是资本主义是一个永久性产出稀缺性和贫穷的系统。用本书的话来说，"绝对的稀缺性"就是贫穷的原因。

债务的力量

资本要完成统治，还需要一种人造稀缺性，那就是由"债务"引起货币稀缺性的增加。资本主义勾起人们无限的欲望，然而资本主义下的消费过程并没有让人们变得富有，反而使其负债累累。债务迫使人们充当顺从的工人，也就是为资本主义服务的棋子。

房贷是这方面的最佳案例。房贷额越大，它的规训权力就越强。背负30年巨额房贷的人为了偿还债务，工作时间不得不不断延长。为了还清债务，资本主义的勤劳伦理就被人们所内化，为了赚取加班费而长时间工作，为了出人头地而牺牲自己的家庭。

在某些情况下，双职工家庭可能都不够，还必须打两份工，从早忙到晚。又或者不得不在伙食上克制自己，将就炒个豆芽或没有浇头的番茄酱意大利面来省钱。最终茫然度日，不知为何而活。买房原本是为了过得舒服，但债务把人变成了工资的奴隶，破坏了人的生活。

工人勤奋对资本来说当然是好事。但长时间的工作却

---

[1] 日版《资本论草稿集》①，第354页。

导致了并非真正必要的东西的生产过剩，对环境造成了相应的破坏。长时间的工作夺走了人们做家务、进行维修的空余时间，使得人们的生活越来越依赖商品。

资本就是这样，在制造"人造稀缺性"时获得发展。只要"价值和使用价值之间的对立"持续存在，无论经济取得多高的增长，都不可能惠及社会的每个角落，反而是人们的生活质量和满意度不断下降。而这正是我们每天都在经历着的现实。

品牌化和广告制造的相对稀缺性

此外，在消费领域也存在着拉低生活质量和满意度的稀缺性。驱使人们无限劳动，就会生产出大量的商品。因此，接下来就必须驱使人们进行无止境的消费。

驱使人们无止境消费的一种方式是品牌化。广告赋予商标和品牌形象以特殊的意义，给人们不需要的东西定了个超过其本身价值的价格，鼓动人们去购买。[1]

最终，实际"使用价值"（有用性）并无不同的商品，通过品牌化被赋予了新颖性。随处可见的东西被转化成了独一无二、"充满魅力"的商品。这个时代充斥着超过人们需要的同类商品，而稀缺性就是这么被人为制造出来的。

就稀缺性而言，品牌化可以说是创造了"相对稀缺性"。因为有人试图通过差异化获取比别人更高的社会

---

[1] 娜奥米·克莱恩：《我不需要新品牌》，松岛圣子译，大月书店，2009 年。

地位。

例如，如果人人都有法拉利或劳力士，那它们就和铃木的小型汽车或卡西欧手表没有什么区别。法拉利所象征的社会地位仅仅在于具备"别人没有"这一稀缺性。反过来说，无论是劳力士还是卡西欧，作为手表的"使用价值"都是一样的。

然而，相对稀缺性却能引发无尽的竞争。一打开Instagram就能看到，拥有比自己更好东西的人比比皆是。买到手的东西很快就会随着新型号的推出而被淘汰。消费者的理想从未实现。连我们的欲望和感觉也隶属于资本，被资本所改变。

就这样，人们为了得到理想的形象、梦想和渴望而不断地买买买，在此驱动下不断工作、消费。这个过程没有尽头。消费主义社会，只有将商品所承诺的理想的失败纳入其中，才能驱使人们不断消费。稀缺性的这种"无法满足"感正是资本主义的动力。但这并不能让人们感到幸福。

而且，这种无意义的品牌化和广告上的成本是巨大的。市场营销已成为继食品和能源之后的世界第三大产业。据称，包装成本占产品价格的10%至40%，就化妆品而言，包装成本可能是产品本身生产成本的三倍。大量的塑料被用于制作有吸引力的包装设计。[1]然而商品本身的"使用价值"并没有变化。

---

[1] Foster and Clark, *The Robbery of Nature*, op. cit., 253. 关于广告对消费的影响，见 Robert J. Brulle and Lindsay E. Young, "Advertising, Individual Consumption Levels, and the Natural Environment, 1900—2000", *Sociological Inquiry* vol. 77, no.4 (2007): 522—542。

真的没有办法摆脱这种恶性循环吗？既然这种恶性循环是由稀缺性所造成的，那么就必须建立一个对抗资本主义人造稀缺性的富裕社会。而这就是马克思的去增长共产主义。

只有共产主义才能夺回"共有财富"

按照马克思的说法，共产主义是"否定的否定"（见第四章"把地球当做'共有财富'来管理"一节）。第一个否定是指资本瓦解共有物。第二个否定则是对前者的否定，也就是共产主义重建共有物，以恢复"完全富裕"。资本主义为了自己而制造"人造稀缺性"。所以，富裕才是资本主义的天敌。

而恢复富裕的方法就是重建"共有财富"。是的，能够战胜资本主义，在21世纪实现"完全富裕"的只有"共有财富"。

这里我具体解释一下"共有财富"和富裕之间的关系，或许大家会更好理解。首先重申，"共有财富"的关键是人们对生产资料进行自主、横向的共同管理。

比如，电力应该是"共有财富"，因为现代人没有它就没法生活。像水一样，电力必须作为一项"人权"得到保障，而不能交由市场决定。因为市场不会给那些没钱的人用电权。话虽如此，这并不意味着只要国有化就好。为什么说国有化不行呢？因为一旦电力国有，就有可能引入核电这种封闭的技术，就会出现安全隐患。而火力发电厂经常会被建在穷人和少数族裔居住的地区，空气污染威胁着周围居民的健康。

与之相对，"共有财富"的目的是让市民夺回对电力的管理。"共有财富"是一种实践，用于创建易于市民参与的、可持续能源的管理方式。通过市民电力以及能源合作社来推广可再生能源的实践就是一例。这里仿照"民营化"一词，姑且称它为"'市民'营化"。

"共有财富"的"'市民'营化"

这里的重点是，太阳能和风能是与核能和火力发电完全不同的能源，它们难以具备排他性。太阳能和风能是完全充足的。事实上，它们是无限的、免费的。因此，与石油或铀不同，谁都可以在任何地方以相对低廉的价格启动太阳能和风能的发电并对其进行管理。按照第五章所介绍的高兹的分类，可再生能源是一种"开放性技术"。

然而，这一事实对资本来说是致命的。类似太阳能的能源是分散的，无法被垄断，这样就无法制造出稀缺性，也难以将其货币化。

资本主义于是陷入了困境。难以制造出稀缺性，意味着无利可图。在市场经济下，就会导致企业参与可再生能源的步伐缓慢。这里出现了"资本的稀缺"和"共有财富的充足"之间的对立。

因此"'市民'营化"对可再生能源的普及至关重要。

这是个机会，我们可以利用分散性特征，倒过来建立一个适合小规模民主管理的非营利性电力网络。

其实，在丹麦和德国等地已经开展了这种"'市民'营化"的尝试。这些年来，日本也出现了非营利性市民电力公司的扩张。在福岛核事故发生后，当地居民游说市议会，通过私募和绿色债券等方式筹集资金，在废弃的农田上安装太阳能电池板。当地生产当地消费，这样的案例在不断增加。[1]

由于能源当地生产当地消费，作为电费所支付的货币就会留在当地。由于其非营利的属性，所以相关收入都可以用来振兴当地社区。这样一来，居民们就会对改善他们生活的"共有财富"更感兴趣，更愿意参与进来。

如果能形成这样的循环，当地的环境、经济和社会将因协同效应而焕发活力。这正是向基于"共有财富"的可持续经济的转型。

工人合作社——使生产资料成为"共有财富"

"共有财富"不只限于电和水，而是必须让一切生产资料都变成"共有财富"。不是资本家或股东，而是由工人们共同出资、共同占有与管理生产资料。这一组织就是"工人合作社"（workers cooperation）。

---

[1] 和田武、丰田阳介、田浦健朗、广东真吾编著：《如何建设市民、地区联合发电厂——普及每个人都发挥主导作用的可再生能源》，鸭川出版，2014年，第12—18页。

工人合作社是实现劳动自主和自治的重要一步。成员们共同投资、管理和劳动。工人们通过讨论，自主决定要做什么工作，实施什么政策。

这是可能的，因为生产资料属于工人们的"社会所有"，而不是老板或股东的"私人所有"，也不属于"国有企业"。

工人合作社的传统由来已久，马克思本人也对其做出过高度评价，认为"合作运动是改造以阶级对抗为基础的现代社会的各种力量之一"。马克思还指出产生赤贫现象的现代资本主义制度，将有可能被"自由平等的生产者联合的制度"所代替[1]。他甚至称工人合作社是一种"可能"的共产主义。[2] 合作社（cooperation）对应的德语词是"Genossenschaft"，但马克思甚至把它的形容词"genossenschaftlich"当成"联合"（association）的同义词使用。[3]

为什么？因为原始积累是通过圈地运动，将生产者与生产资料相分离并制造出稀缺性。而在合作社中，工人们通过团结，亲手夺回了生产资料，重建了"完全富裕"。

工人合作社的经济民主化

耐人寻味的是，这些年英国工党等都对工人合作社、

---

[1] 日版《全集》，第16卷，第194页。
[2] 日版《全集》，第17卷，第320页。
[3] 约翰·莫斯特（Johann Most）原著，卡尔·马克思修订：《马克思亲手写的资本论导论》，大谷祯之介译，大月书店，2009年，165页。参考了译者的译注。

社会所有制进行了重新评价[1]。当然，这是为了给不断衰退的福利国家寻找替代方案。

20世纪的福利国家是一种以财富的再分配为目标的模式，并不涉及生产关系本身。换句话说，它是让企业把获得的利润以所得税和公司税等形式返还给整个社会。其背后，则是工会为了提高生产力而接受了对资本的"隶属"。工会试图通过与资本的合作，做大用于再分配的蛋糕，而代价是工人自主权的削弱。

与接受了对资本"隶属"的工会不同，工人合作社的目标是改变生产关系本身。通过将民主带入到劳动现场，工人们可以抑制竞争，并就发展、教育和重新部署等做出自己的决定。尽管为了维持业务，他们仍将获取利润作为目标，但投资不会受到短期利润最大化或投机活动等市场的影响。

重点是"按自己的方式劳动"。工人合作社的目标是促进"社会团结经济"，通过职业培训和商业运作回馈地区社会。这样就策划以劳动带来社区长期繁荣的投资。这是使生产领域本身成为"共有财富"以实现经济民主化的一种尝试。

听起来像在做梦吧？不，这不是梦。工人合作社分布在世界各地。古老而著名的西班牙蒙德拉贡（Mondragon）合作社有超过7万名成员。在日本，护理、儿童保育、林业、农业和清洁等领域的工人合作社已经持续活动了近40年，规模更是超过15000人。

---

[1] *Alternative Models of Ownership*: https://labour.org.uk/wp-content/uploads/2017/10/Alternative-Models-of-Ownership.pdf (last access on 2020.5.15).

即使在美国这个资本主义的大本营,工人合作社的发展也相当引人注目,比如有俄亥俄州克利夫兰市的常青(Evergreen)合作社、纽约州的水牛城(Buffalo)合作社、密西西比州的杰克逊合作组织(Cooperation Jackson)等。市民们试图通过参与解决住房、能源、食品和清洁等问题,来实现社区的复兴。

利润驱动的经济体系中,清洁、烹饪和服务等基本工作(essential work)的报酬很低,因此往往被推给有色人种妇女承担。这造成了社区的分裂,并最终导致服务质量下降。这是一个恶性循环。

所以,合作社的目标是将"基本工作"转化为自主、有吸引力的工作,同时还寻求改善工资和就业条件,克服由种族、阶级和性别造成的分裂,进而实现社区的复兴。

当然,正如马克思所指出的那样,一旦工人合作社走错一步,就会卷入资本主义市场的竞争中,有可能把削减成本、提高效率放在首位,也就是沦为利润导向。因此,归根结底,必须改造整个系统。但如果要与造成贫穷、歧视和不平等的资本主义相对抗且"不抛下一个",那么合作社无疑可以成为改造整个社会的基础。

有别于 GDP 的"完全富裕"

电力网络的"'市民'营化"和合作社只是一小部分。从教育和医疗保健到互联网和共享经济,可以夺回的"完全富裕"无处不在。例如,Uber 可以是公有的,其平台也可以是"共有财富"。针对新冠病毒的疫苗和治疗药物也应该是全世界的"共有财富"。

通过"共有财富",人们可以以不依赖市场和国家的形式扩大对社会生产活动的横向共同管理。让现在那些因使用机会受货币所限而稀缺的产品和服务变得充足。总之,"共有财富"希望减少人造稀缺性领域,增加"完全富裕",与消费主义、物质主义说再见。

关于"共有财富"的管理,重点在于其不一定要依靠国家来实现。水可以由地方政府管理,电力和农田可以由市民管理,而共享经济可以由平台用户共同管理。共享经济本就是利用 IT 技术去创造一个"合作"平台。

恢复"完全富裕"的领域越多,商品化的领域越少,因此 GDP 就会下降。这就是去增长。

但这并不意味着人们的生活会变贫穷。相反,随着实物支付领域的增加,不依赖货币的领域就会扩大,人们将逐渐从无止境的工作压力中解放出来,也会相应获得更多的自由时间。

获得了稳定的生活,人们就有余暇参与互助活动,也会有从事消费主义以外活动的余力。比如将有更多的机会去做做运动、徒步旅行、搞搞园艺、接触大自然;也会有更多的时间去弹吉他、画画、阅读;能够站在自家厨房里,与家人和朋友一起吃饭,一边愉快聊天;也会有余力去参加志愿者活动、政治活动。化石燃料能源的消费将减少,但社区的社会、文化能量将增大。

每天早上去挤都是人的地铁,在电脑前吃着便利店买的盒饭、方便面,日复一日地长时间工作——相比之下,上述的人生要丰富精彩多了吧？不用通过网上购物或喝高浓度的酒精饮料来缓解压力，只要有时间给自己做饭和锻炼，人的健康状况就会得到大幅改善。

我们为了从经济增长中获益而过度努力工作。努力工作对资本来说是非常有利的。但在资本主义的框架内，不管我们怎么朝着富裕努力，也不可能实现所有人都富裕，因为资本主义的本质就是稀缺性。

因此，让我们放弃这种制度吧，把它替换成去增长，方法就是实现"完全富裕"的去增长共产主义。这样一来，即便没有经济增长，人们的生活也会更加稳定和富裕。

通过纠正1%的超级富豪和99%的我们之间的财富分配不均，消除人造稀缺性，社会运转所需要的劳动时间也会比现在少得多。而且，大多数人的生活质量将会提高。而无益劳动的减少，最终还能拯救地球环境。

去增长共产主义创造繁荣经济

这里还涉及范式转换。正如我们在第三章中所看到的，迄今为止，去增长一直被反复批判，认为它不过是一种鼓吹清贫的思想。可为了保护环境，大家就必须忍受贫困的生活吗？

之所以会出现这样的言论，实际上是因为人们被"经济增长的诅咒"这种资本主义意识形态紧紧束缚住了。这种意识形态非常强大，所以这里我再强调一下重点。

正是资本主义制度下的紧缩迫使我们忍受贫困的生活。而资本主义制度的基础就是人造稀缺性。我们贫穷并不是因为我们生产得不够多，而是因为资本主义的稀缺性本质。这就是"价值和使用价值的对立"。

最近这段时期的新自由主义紧缩政策是最适合资本主义的政策，因为它增加了人造稀缺性。与之相对，富裕则要求我们告别经济增长范式。

经济人类学家杰森·希克尔（Jason Hickel）也提倡"完全富裕"，他说："紧缩寻求稀缺性以创造增长，而去增长寻求富裕所以不需要增长。"[1]

是时候终结新自由主义了。我们需要的是"反紧缩"。但是，仅仅靠四处撒钱，就算能够对抗新自由主义，也无法终结资本主义。

通过恢复"共有财富"来重建"完全富裕"才能对抗资本主义的人造稀缺性。这正是去增长共产主义所追求的"反紧缩"。

好的自由和坏的自由

让我们恢复"完全富裕"，终结资本主义。"自由"就在前方等着我们。共产主义经常被误解为为了"平等"可以牺牲"自由"，因此在本章的最后，我想讨论一下自由

---

[1] Jason Hickel, "Degrowth: a theory of radical abundance", *Real-World Economics Review*, no.87 (2019): 54—68.

问题。

至今一直在讨论的"完全富裕"当然要求重新定义"自由"的概念。美国式资本主义的价值观把造成巨大环境负担的生活方式视为"自由"的实现。我们必须跟这种价值观说再见。

人类在本质上确实是自由的。人们甚至可以选择摧毁自己所在社会的基础,毁灭自己。足可见人有多自由!但这种自我毁灭并不是"好的"自由,而是"坏的"自由。

为了探讨这一点,我想用一定的篇幅,引用一下《资本论》中关于自由的著名段落。

自由王国只是在必要性和外在目的规定要做的劳动终止的地方才开始;因而按照事物的本性来说,它存在于真正物质生产领域的彼岸。(中略)这个领域内的自由只能是:社会化的人,联合起来的生产者,将合理地调节他们和自然之间的物质交换,把它置于他们的共同控制之下,而不让它作为一种盲目的力量来统治自己。(中略)但是,这个领域始终是一个必然王国。在这个必然王国的彼岸,作为目的本身的人类能力的发展,真正的自由王国,就开始了。但是,这个自由王国只有建立在必然王国的基础上,才能繁荣起来。工作日的缩短是根本条件。[1]

在这一观点基础上开始我们的思考。马克思对"必然

---

[1] 日版《资本论》,第 3 卷,第 1434—1435 页。(译文援引自《资本论》第 3 卷,人民出版社 2004 年版,第 928—929 页。——译者)

王国"和"自由王国"进行了区分。简而言之,"必然王国"是指生存所需的各种生产和消费活动的领域。与之相对的"自由王国"则是指那些对生存没有绝对必要,但对于人能活得像个人却很有必要的领域。例如,艺术、文化、友谊和爱情以及体育等。

马克思希望这个"自由王国"得到扩大。也就是说,在这个领域拓展的是"好的"自由。

但这并不意味着"必然王国"的消失。人不能没有衣食住行,相关的生产活动永远不会停止。"自由王国只有建立在必然王国的基础上。"

这里必须指出的是,在那里所建立的"好的"自由并不意味着要滑向功利的、个人主义的消费主义。由于资本主义的存在,生活看似越来越富裕。但资本主义所追求的是满足无穷的物质欲望。自助餐、季节性丢弃的衣服、毫无意义的品牌化,我们的一切都在被"必然王国"的动物欲望所支配。

马克思所提倡的"自由王国"则与此相对。马克思说"自由王国"正是开始于我们摆脱这种物质欲望获得自由的地方。人类自由的本质正在于集体的、文化的活动领域。

因此,为了扩大"自由王国",必须摧毁只追求无限增长、驱使人们长时间工作和无节制消费的制度。为了建立一个整体上幸福、公平和可持续的社会,我们必须自发地"自我克制",即便生产总量相比原来有所减少。通过自我克制来缩小"必然王国"的规模,而不是偷偷摸摸提高生产力,这样才能扩大"自由王国"![1]

自然科学没有告诉我们的东西

在气候危机时代,自我克制是一种"好的"自由的观点变得越发重要。通过它与自然科学的关系就能看出这一点。

在本书的开头,我曾说过人类目前正站在一个分岔口前。在这种情况下,我们自己必须讨论一个问题,那就是未来我们想生活在什么样的世界中,为此最应该做出怎样的选择。但是,自然科学并没有告诉我们怎样的社会才是"自由王国"。

自然科学可以说,"为了让温度上升幅度稳定在 2 ℃,大气中的二氧化碳浓度必须保持在 450 ppm 以下",也会提议万一超过了这一标准,就可以使用地球工程和 BECCS 等。(见第二章"从大气中清除二氧化碳的新技术?"一节)

但仅靠自然科学无法解释的是,为什么温度上升 2 ℃ 的世界比上升 3 ℃ 的世界更理想。换句话说,未来的人们即使生活在"上升 3 ℃ 的世界"里也可能感到非常幸福,因为他们不了解我们现在所处的世界。而且,人类满足度的标准是可以适应特定环境的,是可以灵活变动的。在第

---

[1] 正如法国生态社会主义者科尼利厄斯·卡斯托里亚迪斯(C. Castriadis)所说,"社会自治的问题也是社会自我调节的问题"。科尼利厄斯·卡斯托里亚迪斯、科恩·本迪特(D. Corn Bendit)、新鲁汶(Louvain La Nouveau)的听众:《从生态到自治》,江口干译,绿风出版,1983 年,第 40 页。

一章开头所看到的诺德豪斯等经济学家们就会这样说。

所以，这个问题的答案必须由我们自己来慎重决定。世界的气温应该是几度，为了达成这一目标我们可以牺牲多少。这是一个民主问题，不能交给科学家、经济学家或人工智能来决定。

总之，存在着的并不是自然的"极限"。极限说到底是我们根据自身所希望的社会样态而设定的"社会常规性"存在。极限的设定是一个涉及经济、社会和道德决定的政治过程的产物。

因此，让少数专家和政治家来设定极限是不可能让人放心的。全交给他们，最终只会变成一个打着科学客观性的"幌子"，单方面反映他们利益和世界观的世界。就像诺德豪斯所做的那样，将经济增长置于气候变化之上，并把它和《《巴黎协定》》的目标数值相重合。

为了未来的自我克制

人们对他们想生活在什么样的世界所做的价值判断，本来就应该尽可能多地听取下一代的声音，通过充分的民主讨论、辩论来决定。

尤其气候变化是不可逆转的，不可能"一种方法失败了，就尝试另一种"。如果在克隆和基因组编辑方面走得太远，就只能以一种无法回头的方式改变"人类"的定义。同样地，地球工程这样的技术也会对"自然"、"地球"的性质造成不可逆转的改变，最终将极大损坏我们后代的自主性。

为了避免这种情况,我们不要去进行多余的干预,这点非常重要。此时,"自我克制"也变得越来越重要。[1]生活在发达国家的我们,必须自发决定什么东西我们并不需要,停止相关生产,以及什么东西需要继续生产,并且在到达什么程度时可以停止生产。

然而,在驱使人们无节制消费的"资本的专制"下,人们难以选择自我克制的自由。因为人们不去自我克制是资本积累和经济增长的条件之一。

但是,反过来说,如果我们可以自发选择自我克制,岂不就是一种抵抗资本主义的"革命性"行为?

自我克制,放弃无限的经济增长,致力于所有人的繁荣和可持续发展,这将扩大"自由王国",创造出去增长共产主义的未来。

那么,具体应该怎样做才能实现这一目标呢?这个难题将放在下一章来思考。

---

[1] Giorgos Kallis, *Limits: Why Malthus Was Wrong and Why Environmentalists Should Care* (Stanford: Stanford University Press, 2019).

第七章
去增长共产主义拯救世界

新冠疫情也是"人类世"的产物

这本书提倡必须摆脱资本主义，向去增长共产主义转型。接下来我想说明如何去实现这一目标，以及去增长共产主义又会怎样解决气候危机。

但在这之前，我们先来看一个"人类世"危机的现成案例。那就是新冠疫情。这个"百年一遇"的大流行病夺去了许多人的生命，对经济和社会产生了历史性的影响。但即便如此，新冠疫情给全球所造成的损失规模可能还远远比不上气候变化所能带来的。或许我们饱受气候变化之苦的后代在回顾新冠疫情时，只会觉得它是暂时的小灾小难。

虽然损失的规模不同，但新冠疫情值得我们当做危机的现成案例来看待。因为气候变化和新冠疫情都是"人类世"矛盾的体现。而它们都是资本主义的产物。

我们今天已经看到，资本主义引起了气候变化，原因在于其为了实现经济增长所进行的全球性开发与破坏。

传染病的大流行也有类似的结构。为了满足发达国家不断增长的需求，资本已经渗透到了自然的深处，破坏森林，开展大规模农业经营。进入到自然深处，不仅仅意味着我们增加了接触到未知病毒的概率。与自然界复杂的生态系统不同，由人类之手开辟而出的空间，尤其是被现代的单一文化所占据的空间，根本无法抑制病毒。然后病毒开始变异，跟随全球化的人流、物流，瞬间传播到了世界各地。

而且，专家们早早就警告过了流行病大爆发的危险性，正如科学家们以悲痛的声音对即将到来的气候变化危机敲响警钟那般。

在应对措施上，气候危机也会出现类似新冠疫情的情况。在面临"人命还是经济"的困境时，就会以过度的应对措施会损害经济为由，拖延对根本性问题的解决。然而，拖延的时间越长，经济损失就越大。当然，生命也在不断逝去。

国家牺牲民主

但并不是说，只要迅速采取行动无论怎样都好。中国政府为平息2020年的第一波新冠疫情，采取了利用国家权力从上而下进行控制的措施。城市被封锁，人们的行动受到限制、监督，不听从安排的人受到了处罚。

欧洲国家曾嘲笑过这种强硬的做法，但当新冠疫情在

图 10 未来的四种选项

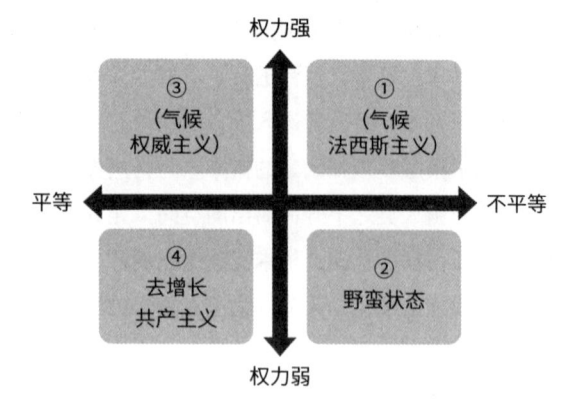

```
            权力强
              ↑
    ③         │        ①
  (气候        │      (气候
  权威主义)    │    法西斯主义)
              │
平等 ←─────────┼─────────→ 不平等
              │
    ④         │        ②
  去增长       │      野蛮状态
  共产主义     │
              │
              ↓
            权力弱
```

它们自己国家蔓延时,政府也采取了同样的做法。其公民也接受了这一点,认为这是不得已而为之。韩国还以牺牲个人隐私为代价,利用数字技术来控制疫情蔓延。

这些事实很有启发意义。危机越深,专家们就越会要求国家进行强力的干预、限制,而人们也越接受对个人自由的限制。

那么,根据这一事实,再来回顾一下在第三章中所看的未来的四种选项(图10)。

在这张图中,美国总统特朗普和巴西总统博索纳罗等所采取的策略与①中的气候法西斯主义相吻合。他们把资本主义经济活动放在首位,奋勇前进,为此还赶走了意见相左的部长和专家,极为露骨地表明了只要那些能够承担高额医疗费用的富人、能够通过移动办公来保护自己的人得到拯救就好。这些人反复做着核酸检测,那些穷人,那些社会弱势群体却被抛在一边,让他们自己对自己的健康负责。

博索纳罗总统更绝,新冠疫情在反对开发亚马孙森林的原住民中蔓延时,他把这当做砍伐森林的天赐良机,企图在恢复经济的名义下取消对伐木的限制。这正是典型的灾难资本主义。

与此相对,中国和欧洲各国重视国民健康,强力发动国家权力来应对新冠疫情。这就是③中的治理形式。以防止疫情传播为由,国家大幅限制了行动自由、集会自由等。匈牙利还通过了一项法案,对新冠病毒以及相关政策,传播政府视为"虚假"信息的人将被判处最高五年的监禁。

商品化推动对国家的依赖

无论如何,最终,在危机时代,赤裸裸的国家权力可能会以这种形式越来越多地走到台前。

自20世纪80年代以来,新自由主义已经将所有的社会关系商品化,用货币与商品关系取代了互助关系。而我们对此已经完全习惯,所以我们的互助知识、同情心也被连根拔除。于是,在危机中,焦虑的人们只会求助于国家而不是邻居。危机越深,就越相信没有国家的强力干预,自己将无法生活下去。

在这种情况下,如果人们也开始呼吁国家对气候变化进行强有力的干预,这样又会发生什么呢?是①"气候法西斯主义"这种修建围墙,排斥环境难民,利用地球工程保护少数人呢?还是③"气候权威主义"这种由国家来对企业和个人的二氧化碳排放量进行彻底的监督和处罚呢?

无论哪种,在政治家和技术官僚的统治下,被牺牲的总是民主和人权。

国家失灵之时

有一点必须注意。上述讨论是建立在治理机构良好运作的前提之上。但当危机真正加深时,即使是一个强大的国家也可能失灵。实际上在新冠疫情中,多数国家在面对医疗崩溃和经济混乱时表现得束手无策。在发生气候危机的情况下,治理机构也可能最终失灵。

这样一来,我们将会立即陷入右下方的②"野蛮状态"中。也就是开倒车,回到"所有人对所有人的争斗"状态。

这一点都不夸张。在新冠疫情发生后,计划对政府发动内战的激进右翼组织布加洛(boogaloo)一直在社交网站上招募新成员。[1]而在密歇根州,抗议封锁的市民武装力量冲进了州议会。

而在危机发生的时刻,帝国式生活方式的脆弱性也暴露无遗。事实上,在第一波新冠疫情来袭之时,发达国家内都买不到口罩和消毒液。就是因为我们为了过上廉价而又舒适的生活,把一切都外包给了国外,才造成了这样的结果。

尽管在不久前就发生过 SARS 和 MERS 等传染病大蔓

---

[1] "The Boogaloo: Extremists New Slang Term for A Coming Civil War", *ADL*: https://www.adl.org/blog/the-boogaloo-extremists-new-slang-term-for-a-coming-civil-war (last access on 2020.7.28).

延，发达国家的大型制药公司却退出了抗生素和抗病毒药物的研究和开发，转去开发镇静剂和 ED（勃起功能障碍）治疗药物等，因为它们更有利可图，于是情况进一步恶化。[1]最终导致发达国家的大城市失去了"韧性"（在面对灾害时的复原力）。

在发生气候危机的情况下，粮食安全问题会进一步加剧。像日本这样粮食自给率低、缺乏韧性的国家就会陷入恐慌。这样一来，立即就会回到②的"野蛮状态"中。

"价值"和"使用价值"的优先顺序

这正是马克思所重视的"价值和使用价值的对立"问题的体现（参照第六章）。

就新冠疫情而言，商品的"使用价值"是其治愈疾病的功效，而"价值"则是该药物作为商品被规定的价格。在疫苗和 ED 药物之中，能拯救生命的是疫苗。但在资本主义中，优先考虑的是赚钱，而不是救命。因此，又贵又好卖的药物更重要。

在资本主义下，粮食也如此。能不能卖个好价钱才是重点。而生产和出口昂贵的桃子、葡萄，并不能克服粮食危机。

在资本主义中这种事情一直在发生。资本主义重视商品的"价值"，对"使用价值"（有用性）则不屑一顾。这

---

[1] 迈克·戴维斯（Mike Davis）：《在瘟疫之年》，曼纽尔·杨（Manuel Yang）译，《世界》，2008 年 5 月，第 38 页。

样就会陷入野蛮状态。所以，我们必须告别资本主义，转向一个重视"使用价值"的社会。

在第三章中，将第四个"未来选项"设定为"X"，现在我们已经知道了"X"的真正含义。是的，X就是"去增长共产主义"。这才是我们需要选择的未来。

"是共产主义还是野蛮主义？"

为什么是共产主义？因为如果我们要避免由极右民兵、新纳粹极端分子或黑手党统治的野蛮状态，就需要依靠社区自治与互助。我们需要创造出民主的方式来自行保障和分配自己的生活必需品。我们需要从平时开始培养自治和互助的能力，为总会到来的危机做好准备。事实上，我们日本人应该已经从新冠疫情中搞懂了一点，那就是即便想依靠政府，政府也不会帮助我们。

无论如何，面对一场足以动摇社会根基的大危机，光靠放弃过度的市场原教旨主义、让大政府干预市场，远不足以解决问题。也就是说，依靠大规模财政刺激和政府对关键行业注入资本的"气候凯恩斯主义"并不能减少二氧化碳排放量，也无法阻止气候危机（参照第二章）。使北欧福利国家足以维持可持续性的"去增长资本主义"也不适用（参照第三章）。

不彻底的解决方案无法长期起效。事实上，现有的自由民主力量对崛起的右翼民粹主义毫无招架之力。所以，也请退出自由主义左派的常见讨论吧。

我们必须这么讨论："是共产主义还是野蛮主义？"选项只有两个，就这么简单。

当然应该选"共产主义"。所以，我们要努力抑制对国家和专家的依赖心理，摸索自治和互助的道路。

托马斯·皮凯蒂已"转向"社会主义

可能这个观点看上去有点极端。但别吃惊，就连因《21世纪资本论》一书跻身经济学顶流的托马斯·皮凯蒂也采取了这一立场。

皮凯蒂作为自由主义左派而为人所知。他批评过度的经济不平等，并主张用严格的累进税来解决这一问题。齐泽克批判皮凯蒂的折中主义是和斯蒂格利茨一样的"空想主义"。[1]（参照第三章）只就《21世纪资本论》而言的话，齐泽克是对的。

然而，在2019年出版的《资本与意识形态》一书中，皮凯蒂的论调则完全不同。皮凯蒂反复呼吁要"超越资本主义"，在此基础上他明确提出的方案是"参与型社会主义"（socialisme participatif），而非"驯化资本主义"。

皮凯蒂说："我相信，我们有可能超越现有的资本主义制度，并为二十一世纪的新的参与型社会主义勾勒出轮廓。可以描绘出一个新的普遍主义和平等主义的未来，它建立在新的社会所有制、教育、知识和权力的共享基础之

---

[1] 齐泽克：《绝望的勇气》，第67—68页。

上。"[1]近年来,几乎没有人能像他这样明确地"转向"社会主义。

他还讽刺社会民主主义政党是"婆罗门左翼",因为他们抛弃了工人阶级,更加关注智识精英中的富裕阶层。他严厉批评自由主义左派的态度,认为他们允许了右派民粹主义的抬头。

左派必须再次提醒自己,自己必须面对的是谁的痛苦。为此,皮凯蒂硬是举起了"社会主义"的旗帜。

自治管理、共同管理的重要性

更值得注意的是皮凯蒂所提出建议的具体内容。虽然皮凯蒂仍然强调所得税和遗产税,但他也指出了以国家征收碳税来应对气候变化的局限性。也就是说市场原教旨主义不行,仅靠国家征税也不行。

在思考气候变化问题时,皮凯蒂将注意力转向了生产领域。他认为在生产中实现"参与型社会主义"是必须的。为了实现这一目标,他呼吁企业实行工人的"社会所有制",让工人参与经营。

换言之,皮凯蒂批判企业内部是独裁统治,因为企业的经营决策由那些追求红利最大化的少数大股东所决定。他强调了工人们自己对生产进行自治管理(autogestion)、共同管理(cogestion)的重要性。[2]

---

[1] Thomas Piketty, *Capital et Idéologie* (Paris: Seuil, 2019), 1112.
[2] *Capital et Idéologie*, 60.

总之，皮凯蒂对于气候危机的结论是，资本主义无法保护民主。因此，为了捍卫民主，我们需要的是超越再分配的"社会主义"，而工人在生产领域的自治则必不可少。这与本书的立场完全一致。

"参与型社会主义"这一概念也很重要。他标识为"参与型社会主义"特征的"自治管理"、"共同管理"，恰恰是本书所关注的"共有财富"的关键词。[1]

而且，正如皮凯蒂所强调的，"参与型社会主义"与苏联式社会主义完全不同。苏联的民主不可能是"参与型社会主义"，因为官僚和专家垄断了决策权和信息。

不同于苏联的独裁，"参与型社会主义"试图从草根阶层开始培育公民自治和互助的力量，由此推动整体向可持续社会的转型。现在的皮凯蒂和晚期马克思的立场比以往任何时候都更加接近。

为了弥补物质代谢的裂缝

然而，皮凯蒂并没有明确地接受去增长的立场。尽管他提倡"参与型社会主义"，但他所提议的转型过程在很大程度上仍取决于国家的征税权，这就构成了问题。换句话说，越是试图通过税收来约束资本，国家权力就会越大，就越可能滑向旁边的③即以"气候权威主义"为代表的国

---

[1] 例如，"自治"（autogestion）也是卡斯托里亚迪斯的一个关键词。参见科尼利厄斯·卡斯托里亚迪斯：《复兴社会主义有可能吗？马克思主义与革命理论》，江口干译，三一书房，1987年，第224页。

家社会主义，最终远离马克思的去增长共产主义。

请回想一下马克思的物质代谢理论。马克思认为，资本追求无限的价值增殖，导致生产偏离了自然界原有的循环过程，最终人与自然的关系产生了"不可弥补的裂缝"。

根据马克思的观点，弥补这一裂缝的唯一途径是在劳动领域进行彻底变革，使生产能够适应自然界的循环。

正如我们在第四章所看到的，劳动是人与自然之间的中介活动。根据《资本论》中提出的物质代谢理论，人和自然通过劳动相联系。因此，改变劳动方式对于拯救自然环境至关重要。

我敢说得再极端点。对马克思而言，无论是改变分配和消费方式，还是转变政治制度和民众的价值观，都是次要的。共产主义总是被误解为废除私有制和实现国有化，可就算是所有权问题，也不是根本问题。

真正重要的是劳动和生产的转变。本书与老一代去增长派在立场上的决定性区别就在于后者为了避讳马克思主义和工人运动而拒绝踏入"劳动"领域。

老一代去增长派实际上倾向于关注消费层面的"自发性克制"，即节约水电，放弃吃肉，购买二手货，共享物品。然而，如果只关注所有权、再分配和价值观的变化，而不试图从根本上改变劳动方式，就无法对抗资本主义。

甚至在马克思的时代，也有人像蒲鲁东（Pierre-Joseph Proudhon）[1]那样，试图在不触及生产的情况下通

---

[1] 蒲鲁东（1809—1865）：法国政论家，经济学家。小资产阶级思想家，社会主义者，无政府主义创始人之一。——译者

过流通环节的变革来实现社会主义。马克思对蒲鲁东开展了尖锐的批判。马克思把焦点置于社会生产和再生产。他相信，生产领域的变革将是推动整个系统发生重大变革的动力所在。

改造从劳动、生产领域开始

人们可能会认为，重视生产是一种老掉牙的马克思主义观点。但是，正如后文将会说到的，本书重视生产的理由与 20 世纪的马克思主义不同。我更希望本书这种重视生产的观点能够被那些忌讳劳动问题，被消费主义、启蒙运动和政治主义所迷惑的环境运动、去增长派所采纳。

进一步说，在面对气候变化问题时，人很容易因其规模过大而陷入悲观看法。我认为正因如此，我们更应该重新评价马克思的劳动改造理论。

问题的艰巨性使我们对气候危机的未来预测变得悲观。自己一个人的力量的确改变不了什么。但是那些有能力做出重大改变的政治家、官僚和商业精英却根本不去倾听人们要求对气候危机采取行动的呼声。因此，很难在政治层面看到任何立刻进行改变的希望。于是，人们陷入了绝望之中。

但如果就这样因绝望而放弃的话，等待着我们的就是"野蛮状态"。

现在，还有一个我们可以作为当事人，主动采取一些具体行动的领域,那就是生产领域。因此,朝向变革的第一步只能从这里开始。

在底特律播下的一颗小种子

在生产领域播下的一颗小种子正在结出果实。我想谈一谈这个果实。事情发生在底特律。底特律曾经是通用汽车、福特汽车等美国汽车的生产中心。但汽车产业的衰落导致失业率上升,城市财政恶化,2013年负债近2万亿日元的底特律市宣告破产。从某种意义上说,这座城市是资本主义梦破灭后的废墟。

人口流失,治安恶化,整个城市陷入荒废状态。然而留下来的居民并没有放弃,他们从头开始重建城市。

于是,出现了一个机会。随着人口和企业的流失,土地价格急剧下降,居民们意识到城市有了可以展开新挑战的空间。于是他们开始了各种尝试,其中之一是城市农业。在当地志愿者和工人合作社的带领下,人们尝试通过有机农业来振兴已经成为荒地的城市。[1]

通过城市农业,绿色又被逐渐带回到荒废的城市。但更重要的是,它重新建立了因治安恶化而变得疏远的社区成员之间的关系。大家通过种植蔬菜,在当地市场上出售、向当地餐馆提供食材的形式,重新建立起了居民网络。当然,新鲜蔬菜的获取,也有助于居民维持

---

[1] Alexander and Gleeson, *Degrowth in the Suburbs*, op. cit., 179.

健康。

这场运动正在向全世界蔓延。例如，2019 年，丹麦哥本哈根决定在城市中种植"公共果树"，每个人都可以免费食用。[1] 今后，整个城市将变成一个可食用城市（eatable city）。这就是现代版的公有地，是"共有物的恢复"。这里有与资本主义逻辑不相容的完全富裕。

在城市中种植蔬菜和水果，不仅为饥饿的人提供食物，还可以提高居民对农业和自然环境的关注。事实上，没有人愿意吃沾满废气的水果吧。这样就会出现增加自行车道数量以减少空气污染的运动。以居民路线对抗汽车社会，是为了夺回富裕的"共有财富"道路所踏出的一步。[2]

通过这种方式，人们的想象力逐渐扩大，从而设想出以前从未想过的新未来。"要是底特律的所有食物都是在当地生产当地消费的话……""要是哥本哈根市内禁止汽车行驶的话……"这些具体的"要是"（what if ...），克服了完全被现有秩序所支配的想象力的贫瘠，也打破了资本的统治。[3]

---

[1] 木村亚美:《哥本哈根"公"果树。把整个城市变成城市果园》，参见：https://ideasforgood.jp/2020/01/18/copenhagen-public-fruit/ (last access on 2020.5.15)。
[2] 由于存在这样的问题意识，在解除新冠疫情的封锁后，欧洲许多城市出现了禁止汽车进入，大幅扩大自行车道的动向。最雄心勃勃的是意大利米兰市。这与日本形成鲜明对比，因为新冠疫情，日本的私家车出行正在增加。从这个案例可以看出，在和平时期为危机发生的时刻做好准备是很重要的。
[3] Rob Hopkins, *From What is to What If: Unleashing the Power of Imagination to Create the Future We Want* (White River Junction: Chelsea Green Publishing Company, 2019), 126.

马克思主义批评家詹明信（Fredric Jameson）有句名言："想象世界末日比想象资本主义的终结更容易。"[1]但是，在生产领域播下的种子正在结出果实，那是消费领域未能产出的希望。

通过社会运动超越"帝国式生产方式"

生产领域创造出共同体。而且，正如我们将在第八章看到的，这个共同体通过向更大圈子的扩张，有能力对整个社会产生巨大的影响。所以从劳动中产生的运动，最终甚至可能推动政治。

因此，本书所关注不是生活方式领域的"帝国式生活方式"，而是使这种消费成为可能的生产。换言之，重要的是如何超越"帝国式生产方式"。要纠正前者，就必须克服后者。

再重申一次，依赖自上而下解决模式的"政治主义"模式，是不会起作用的。

当然，政治是必要的，在面对气候行动的时间限制时，需要自上而下的措施。但对抗气候变化的政治，必须挑战资本。要实现这样的政治，就需要社会运动的大力支持。

关于社会运动的重要性，社会学家曼纽尔·卡斯特尔

---

[1] 詹明信等著，斯拉沃热·齐泽克编：《美国乌托邦——双重权力与全民动员》，田尻芳树等译，书肆心水，2018年，第13页。

(Manuel Castel)指出,"没有社会运动,无论怎么挑战,公民社会都不可能产生足以撼动国家制度的东西。"[1]他说得对。

只是等待的话,能够应对人类世危机的政治永远不会到来。但本就没有必要等待。我们必须先采取行动。

人类世的"资本论"

那么我们应该怎么做呢?终于到了回答这个问题的时候了。

再重复一遍,根据《资本论》,唯有彻底改造劳动,使生产可以配合自然循环进行,才能弥补人和自然之间的物质代谢裂缝。正因为人和自然通过劳动这一媒介相联系,改变劳动形态对克服环境危机至关重要。

但仅凭这点并不足以解释生产和劳动的变化将怎样解决气候危机。为什么马克思认为共产主义的劳动可以弥补物质代谢中"不可弥补的裂缝"?实际上我们无法从《资本论》中直接读取到答案。因此,甚至有一些学者批评马

---

[1] 曼纽尔·卡斯特尔:《城市与草根:城市社会运动的比较文化理论》,石川淳译,法政大学出版社,1997年,第517页。顺便说一句,由于我在《走向未来的大分岔》中对"政治主义"的批评,有一种误解认为我似乎是在淡化政治本身,但事实并非如此。这里的重点是,没有社会运动,政党也不会运作。卡斯特尔还在所引用的段落中说:"没有政党,没有一个开放的政治体系,社会运动产生的新价值、要求和欲望不仅会衰退(就像它们总是不可避免的那样),甚至连创造社会改革和制度变革的光芒也会熄灭。"

克思对"裂缝"的讨论过于悲观。[1]

马克思晚年的观点是关键所在。在《资本论》出版后，为了找到弥补这一裂痕的方法，马克思潜心研究自然科学。唯有从晚年马克思的角度重读《资本论》，才能解释为什么去增长共产主义能够弥补"物质代谢的裂缝"。

而 20 世纪的马克思主义并没有关注马克思晚年的成就，反而乐观地认为实现社会主义的话，工人们就可以自由利用技术和科学，克服自然的限制。也就是说，技术可以弥补"物质代谢的裂缝"。

但这种生产力至上主义观点是错误的，与马克思晚年的思想也不相容。传统的马克思主义已经孕育出了巴斯塔尼这种与硅谷资本主义杂交而成的怪物。这不是马克思想要的共产主义。

直到现在，《资本论》还无法摆脱进步主义历史观的魔咒。必须从"去增长共产主义"的角度重新解读马克思的《资本论》。本书在第四章中已经做了这方面的铺垫。换句话说，只有牢牢抓住马克思晚年对生态学和共同体研究的意义，才能窥见《资本论》中隐藏着的真正设想。而这一真正设想，正是我们这个时代的有用武器。

这一设想，大致可以归纳为五点，分别是"转向使用价值经济""缩短劳动时间""废除统一分工""生产过程民主化"以及"重视基本工作"。

乍一看，似乎老一代马克思主义者们也提出过类似的

---

[1] 格拉夫·沃尔格拉夫（Carl-Erich Vollgraf）在收录于岩佐茂、佐佐木龙司主编的《马克思与生态学：作为资本主义批判的物质代谢》（堀之内出版社，2016 年）中的论文表达了这样的观点（第 276 页）。

要求，但我们马上就能明白两者的最终目标完全不同。

近150年来，马克思的去增长思想一直被忽视。因此，类似要求并没有被固定在放缓经济增长的文脉中。为了顺应"人类世"时代，《资本论》这才第一次被更新。

重点在于，只要经济增长放缓，去增长共产主义就会促进向可持续经济的转型。而且，减速是资本主义的天敌，因为它只能加速。资本主义对利润的无止境追求使得生产不可能与自然循环的速度相匹配。因此，"减速主义"（deaccelerationism）而不是"加速主义"（accelerationism）才是革命性的。

现在，让我们明确一下要实现向去增长共产主义的飞跃应该做些什么。

去增长共产主义的支柱①：转向使用价值经济

转向重视"使用价值"的经济，摆脱大规模生产、大规模消费模式

传统马克思主义也说应该把重点放在"使用价值"上。《资本论》里面也这么写的。而我的解释也从这里开始。

马克思用"价值"和"使用价值"对商品的属性进行了区分。正如第六章中所看到的，资本主义的目标是资本积累和经济增长，因此对其而言商品的"价值"更为重要。资本主义的首要目标是价值增殖。最终就变成了只要卖得出去，卖的是什么都不重要。换句话说，"使用价值"（有

用性)、商品质量和环境负担等毫不重要。商品一旦被售出，立即被扔掉也无所谓。

然而，从大局上看，仅仅为了价值增殖而去提高生产力会产生一系列的矛盾。例如，通过机械化降低成本，刺激了需求，使商品的大量销售成为可能，但在这一过程中，环境受到了严重的破坏。

生产力的提高与生产出更多东西自然相关，但在只重视商品"价值"的资本主义制度下，主要生产销量好的东西，根本不关心它是否有利于社会再生产。社会再生产真正需要的东西却被忽视了。

正如前文所见，新冠疫情期间，居然没有可以生产足够的人工呼吸器、口罩和消毒液的生产体系。而这些都是保护社会所必需的。就为了削减成本，相关的工厂都被迁到了国外。所以本应是发达国家的日本甚至无法生产足够的口罩。以牺牲"使用价值"来优先确保资本的价值增殖，造成了所有这一切。最终，在面对危机时失去了韧性。

在气候危机时期，这种无视"使用价值"的生产将是致命的。我们有许多工作要做，比如确保对食物、水、电、住所和交通的普遍性获取，应对洪水和风暴潮，保护生态系统等。因此，需要优先考虑的是应对危机所必需的东西，而不是"价值"。

为此，共产主义从根本上改变了生产目的。它把"使用价值"而非"价值"的增加作为商品生产的目的，并将生产置于社会性计划之下。换一种说法，就是把重点放在满足人们的基本需求上，而不是以增加GDP为目标。这就是"去增长"的基本立场（参照第三章）。

晚年的马克思曾明确批判消费主义,指出消费主义试图尽可能地提高生产力,人们想要什么就生产什么,但这是错误的。我们必须摆脱现在的消费主义,转而生产对人们的繁荣更为必要的东西,同时克制自己。这就是"人类世"所需要的共产主义。

去增长共产主义的支柱②:缩短劳动时间

减少劳动时间,提高生活质量

转向使用价值经济,将大大改变生产的动力。因为那些只为赚钱的无意义工作将大幅减少。劳动力会被有意识地分配给社会再生产真正需要的领域。

例如,将禁止以营销、广告、包装等方式唤起人们不必要的欲望。不需要咨询师或投资银行。没有必要让所有的便利店、家庭餐馆在深夜营业。不需要全年无休。

停止制造不需要的东西,就可以大大减少整个社会的总劳动时间。真正的社会繁荣仍能维持,因为缩短的是从事无意义工作的劳动时间。不仅如此,减少劳动时间对人们的生活和自然环境都有积极影响。马克思在他的《资本论》中也说,缩短劳动时间是转向"使用价值"经济的"基本条件"。

现代社会的生产力已经足够高了。尤其是通过自动化,生产力水平达到了空前的高度。原本是有可能把人类从工资奴隶的状态中解放出来的。

然而，在资本主义下，自动化没有让人"从劳动中解放"，反而出现了"机器人的威胁""失业的威胁"等。而我们这些害怕失业的人仍在拼命地工作，哪怕出现过劳死。这就是资本主义不合理性的体现。我们要尽早摆脱这种不合理的资本主义。

与此相对，共产主义希望通过工作分担来提高GDP中不体现的生活质量（QOL）。[1]缩短劳动时间，压力也会减少，对于有育儿或护理需要的家庭，也更容易分担责任。

但并不是说为了缩短劳动时间，就可以把生产力胡乱提高一通。不光是巴斯塔尼这样的加速主义者，去增长派也喊着要"从劳动中解放""每周工作15小时"等口号。而"纯机械化经济"听起来又是那么有魅力。但晚年的马克思会这么补充："通过完全自动化，逐渐缩短劳动时间，最终消灭劳动——这种极端想法是有问题的"。因为通过进一步提高生产力实现从劳动中解放，会给全球环境带来毁灭性的影响。

而且，我们还需要从另一个角度去思考由自动化带来的劳动时间的减少。那就是能源问题。

比方说，一家工厂引进了一项新技术，过去由10个人做的工作现在1个人就能胜任。这时，生产力虽然提高了10倍，但工人的个人能力却没有提高10倍，只是由化石燃料提供的能源取代了另9个工人的工作量。"能源奴隶"化石燃料代替了"工资奴隶"工人进行劳动。

---

[1] 当然，失业率随之上升就毫无意义了，所以分担工作是必要的。其中的关键是"分担工作，增加工资"，因为单纯分担工作会导致工资下降。

这里重要的是化石燃料的高"能源回报率"（EROEI）。能源回报率，也被称为能源投资回报比，是衡量使用1单位的能量可以获得多少单位能量的数值。

不妨看一下20世纪30年代的石油，用1个单位的能量可以获得100个单位的能量。也就是说，剩下的99个单位是可以自由使用的。然而，原油的能源回报率此后一直下降，最后使用1个单位的能量只能获得大约10个单位的能量。最近这成了个问题。[1]原因在于容易开采原油的地方已经被开采殆尽了。

即便如此，原油的能源回报率仍然远远高于可再生能源。1个单位的太阳能投资只能获得大约2.5—4.3个单位的收益。玉米乙醇的能源回报率居然接近1∶1——使用1个单位的能量，只得到1个单位的能量，那就毫无意义。这种能源的回报率太低，就必须投入更多的资本和劳动。

向脱碳社会转型的话，只能放弃能源回报率高的化石燃料，使用可再生能源。这样一来，在低能源回报率下，经济将难以增长。减少二氧化碳排放导致的生产力下降被称为"排放陷阱"（emissions trap）。[2]

能源"奴隶"减少了的话，就轮到人来替代它，进行长时间劳动。自然，这将给缩短劳动时间踩下刹车，并带来生产的减速。

为减少二氧化碳排放量，我们只能接受生产减速。正因为"排放陷阱"降低了生产力，减少不产生"使用价

---

[1] 水野和夫:《封闭的帝国与矛盾的21世纪经济》，集英社新书，2017年，第223—225页。

[2] Victor, *Managing without Growth*, op. cit., 127—128.

值"的无意义劳动,将劳动力分配到其他必要部门就变得越来越重要。在脱碳社会里,不可能通过提高生产力来实现"废除劳动","从劳动中解放"。

正因如此,马克思提出的把劳动内容转化为充实又有吸引力的观点极为重要,需要对它进行重新评价。这一观点也引出了以下设想。

去增长共产主义的支柱③:废除统一分工

废除导致统一劳动的分工,恢复劳动的创造性

或许因为苏联造成的印象过于深刻,有人会对这一点感到惊讶,但马克思本人确实是在寻求让劳动变得"吸引人"。即便劳动时间缩短,但劳动内容无聊又痛苦的话,人们还是会转向消费主义活动以缓解压力。人要重新活得像个人,就必须改变劳动的内容,减少压力。

然而看看现代的生产领域就会发现,自动化条件下对资本的"隶属"只是单纯加速了劳动的单调性而已。彻底的手册化(manual)带来了工作效率的大幅提高,同时也剥夺了每个工人的自主权。到处充斥着无聊又无意义的劳动。

然而,老一代去增长派回避劳动问题,没有充分展开讨论。在现有的去增长派讨论框架内,所追求的终究不过是在劳动以外的时间实现创造性、社会性活动。因此,要通过自动化尽可能地减少劳动时间。还有就是要忍耐,不

管这一劳动有多么痛苦。

但马克思根本没想过回避劳动问题。相反,马克思所追求的是创造出"一些主观的和客观的条件,从而使劳动成为吸引人的劳动,达成个人的自我实现"[1],也即劳动可以成为创造性与自我实现的契机。

我们不仅要增加劳动以外从事休闲活动的自由时间,而且还要消除劳动时间内的痛苦和无意义。要把劳动转变为更具创造性的、实现自我的活动。

根据马克思的观点,要恢复劳动的创造性和自主性,首先需要"废除分工"。在资本主义的分工体系下,劳动被限制在统一、单调的作业中。要与此相对抗,使劳动具有吸引力,就需要设计出人们可以从事多种多样劳动的生产领域。

这就是为什么马克思一再主张把克服"脑力劳动和体力劳动的对立""城市和农村的对立"作为未来社会的任务。

晚年在《哥达纲领批判》中,他也强调了这一点。马克思说,在未来的社会中,"迫使个人奴隶般地服从分工的情形已经消失"、"劳动已经不仅仅是谋生的手段,而且本身成了生活的第一需要",在那之后,工人们的能力将得以实现"全面发展"。[2]

为了实现这一目的,马克思强调平等的终身职业教育的重要性。这是为了使工人能够克服对资本的"隶属",成

---

[1] 日版《资本论草稿集》②,第340页。
[2] 日版《全集》,第19卷,第21页。

为真正意义上的产业主导者。如果从这个角度来评价当代的实践，工人合作社和其他合作社对于职业培训的重视具有巨大意义。

我们还可以从马克思晚年的去增长立场出发，走得再远点。停止统一分工、恢复人之所以为人的劳动，那么为了经济增长而提高效率将不再是首要任务。价值、互助等都优先于利润。而工人的活动范围也会变得更加多样，更加强调工作量的平等轮换和对当地社会的贡献，这自然会导致经济活动的放缓，却是非常理想的。

此时，也不需要拒绝科学和技术。事实上，在技术的帮助下，人们将能够从事更多种类的活动。这就是"开放性技术"（见第五章"安德列·高兹的技术理论"一节）的用法。

但为了发展这样的技术，必须摆脱建立在工人和消费者更容易被控制的"封闭性技术"基础上的经济，也就是把利润放在第一位的经济，转向注重生产"使用价值"的经济。

去增长共产主义的支柱④：生产过程的民主化

推进生产过程的民主化，减缓经济速度

重视"使用价值"，引进开放性技术来缩短劳动时间。但要推行这种"劳动方式改革"，工人就需要接管生产中的决策权。这就是皮凯蒂所呼吁的"社会所有制"（见本章

"自治管理、共同管理的重要性"一节)。

在"社会所有制"下,生产资料作为"共有财富"被民主管理。也就是说,在生产中应该开发什么技术以及如何使用这些技术等会由更加开放的民主讨论所决定。

不仅是技术。能源、原材料等也由民主决定的话,就会带来许多变化。例如,可以解除与核电公司的合同,选择当地生产、当地消费的可再生能源。

在马克思晚年的观点中极为重要的一点是,生产过程的民主化也将伴随经济减速而推进。生产过程的民主化也就是由"联合体"共同管理生产资料。换句话说,它的目的是对生产什么、生产多少和如何生产进行民主决策。出现不同的意见是很正常的。在没有强制力的情况下,要协调各种意见需要时间。"社会所有制"带来的决定性变化是决策速度的减慢。

这与现代企业的决策过程非常不同。现代企业优先反映大股东们的意愿。大企业之所以能够根据每时每刻都在变化的环境做出快速决策,就是因为决策是按照管理层的意愿所做出,并不民主。马克思称其为"资本的专制"。

相对于此,马克思所提出的联合体重视生产过程中的民主,因此减缓经济活动。但苏联却不接受这一点,最终变成了一个官僚主导的国家。

去增长共产主义所追求的生产过程民主化也将改变整个社会生产。例如,新技术受到专利保护,只给制药公司和GAFA等少数公司带来巨额利润。但是知识和信息应该是整个社会的"共有财富",我们必须恢复知识的"完全富裕",所以要禁止对知识产权、平台的垄断。

这时就没了牟利和竞争市场份额的动机,那么私营企业的创新速度很可能会放慢。

但这并不全是坏事。资本主义开发"封闭性技术"是为了生产"人造稀缺性",这反而阻碍了科学技术的真正发展。正如《哥达纲领批判》中所说的那样,从市场的强制中解放出来,可以让每个人的能力得到充分发挥,完全有可能通过创新带动效率和生产力的提高。

共产主义就是要发展新的、对工人和地球都友好的"开放性技术",作为"共有财富"。

去增长共产主义的支柱⑤:强调基本工作

转向使用价值经济,重视劳动密集型基本工作

正如我们在第四章中所看到的,马克思晚年放弃了生产力至上主义,开始接受自然的制约。与此相关,最后我想强调一点,那就是近年来流行的自动化和人工智能存在着明显的局限性。

一般来说,难以机械化、只能依靠人力劳动的部门被称为"劳动密集型产业"。关爱[1]劳动就是这方面的一个典型。去增长共产主义将把社会转变为重视这些劳动密集型产业的社会,这种转型也会使经济减速。

为了方便大家理解为什么对劳动密集型产业的重

---

[1] 原文所用的 care,根据后文大卫·格雷伯的定义,护士、清洁工、幼儿教师、社工等的劳动都属于 care,所以翻译为"关爱"。——译者

视会使经济减速，我想在这里以关爱行业为例做一展开。

首先，不言而喻，在关爱行业要实现自动化是相当困难的。在一个重视照看、交流的社会的再生产领域，即使想要实现统一化、手册化，所需作业的复杂性和多样性意味着总会出现不规范的地方。这种不规范的地方无法被排除，所以机器人或人工智能就很难应对。

这也证明了关爱劳动是重视"使用价值"的生产。例如，护理人员不只是按照手册给病人喂食、穿衣或洗澡，也必须在倾听对方的日常烦恼，建构起信赖关系的同时，从细微变化中看出对方身体或心理的状况，灵活地根据对方的个性和背景给予照料。托儿所、学校的老师也是如此。

基于这些特点，关爱劳动被称为"情感劳动"。与传送带上的作业不同，无视对方情感的话，情感劳动就等于白费。因此，情感劳动不能通过把劳动者的服务对象增加一倍、两倍的形式来提高生产率。照看和沟通需要耗费时间。而最重要的是，接受服务的人并不希望加快速度。

当然，有可能在一定程度上实现看护、护理流程的标准化，从而提高效率。然而，如果为了赚钱（即"价值"）而过度追求劳动生产率的话，最终服务本身的质量（即"使用价值"）就会下降。

然而，正因为难以机械化，劳动密集型的关爱行业被视为高成本、"低"生产率。于是，从上层官僚到靠近第一线的基层管理者，所有的管理层都非要提高效率、推行不合理的改革、削减成本等等。

狗屁工作 vs. 基本工作

资本主义社会中，在对基本工作的压迫背后，是"价值"和"使用价值"严重背离的问题。

市场营销、广告、咨询、金融、保险等都是目前的高薪职业。这些工作看起来很重要，但实际上对社会再生产本身几乎没有帮助。

正如大卫·格雷伯所指出的，连从事这些工作的人自己都会觉得，即便他们的行当消失社会也不会出现任何问题。这个世界充斥着毫无意义的"狗屁工作"（bullshit job）。

是的，我们开了很多没用的会议，做了很多没用的演讲材料，整理 Facebook 上没有人看的企业公关文章，用 Photoshop 给照片进行加工。

这里的矛盾在于，这些几乎不产生"使用价值"的工作却有如此高的报酬，于是人们都去做相关工作。另一方面，对社会再生产至关重要的"基本工作"（生产高"使用价值"的劳动）却报酬低，长期缺人手。

正因此，我们有必要向重视"使用价值"的社会转型。那将是一个基本工作得到恰当评价的社会。

对全球环境而言，这也是理想的。关爱劳动不仅对社会有用，而且是低碳、低资源使用的。不把经济增长作为最高目标的话，就可以把重点从以男性为主的制造业转向以关爱行业为代表的劳动密集型行业。这种劳动方式也适合能源回报率越发下降的时代。

再重复一遍，这也会导致经济减速。因为很难在不降低质量的情况下提高关爱行业的生产率。

关爱阶层的反叛

去增长共产主义之所以关注关爱行业，不仅仅是因为它对环境友好，还因为在世界各地，正在奋起反抗资本主义逻辑的正是从事关爱劳动的人们。这就是格雷伯所说的"关爱阶层的反叛"（revolt of the caring classes）。[1]

今天，以关爱劳动为代表的一线从业人员，工作时间长，工资却很低，理由是他们在进行有用的、有价值的劳动。这正是对价值的剥削。除此之外，他们还被那些只会增加多余管理和费工夫的规则，实际上毫无用处的管理人员欺负。

但最后，一线工作者们不断奋起反抗。他们不能忍受自己的工作条件进一步恶化。最重要的是，他们不能再容忍因削减成本导致自身所提供服务的质量下降。

因此，日本也出现了托儿所老师同时辞职、医疗第一线的反抗、教师罢工和护理人员罢工等情况。此外，便利店停业 24 小时、高速公路服务区罢工这种情况也在增加。

---

[1] David Graeber, "Against Economics", *The New York Review of Books* (December 2019): https://www.nybooks.com/articles/2019/12/05/against-economics/ (last access on 2020.5.22).

这些罢工的信息在社交网站上传播开来,并获得了人们的支持。[1]

这是一个全球性趋势。我们能否将这种团结的趋势与更广泛、更激进的趋势联系起来呢?此时此刻,我们能否与他们团结一致?还是对"使用价值"不屑一顾,继续坚持那只看中无聊工作的狗屁经济?

是加强互助还是加深分裂,这正是岔路所在。如果顺利,我们有可能重新建立一个更加民主的互助共同体,开辟走向另一个社会的道路。

自治管理的实践

值得注意的是,"关爱阶层的反叛"可能不会在一段时间的抗议活动后就结束,反而会进一步发展为实现自主管理的实践。

这种可能性出现在2019年,当时世田谷区的一所托儿所在突然宣布破产后关了门。

这几年,不负责任的托儿所经营实际上已经成了一个社会问题。经营托儿所的公司以盈利为目的,一旦经营状况恶化,就会突然关门。

然而,考虑到对孩子们和家长们的生活影响,突然关门是极不负责的。因此,这些托儿所的老师们,虽然自己也对公司的关闭决定感到头疼,却选择在"护理、保育工

---

[1] 今野晴贵:《罢工2.0——和吸血企业战斗的武器》,集英社新书,2020年,第68—71页。

会"的帮助下自主营业。

这下子西洋镜被拆穿了。只想赚钱的公司老板和他雇用的托儿所所长平日里总是一副很了不起的样子,可现在就很清楚了,他们做的都是典型的毫无意义的"狗屁工作"。实际上运营托儿所的都是一线的老师们。所以,就算没了经营者,老师们仍能够继续开展业务,他们在能力方面没有任何问题。

当然,托儿所原本就经营不佳,又要挤出人工费,又要与家长建立起信任关系,确实很不容易。但是这种自主管理的尝试证明了劳动者可以拒绝管理方对自身价值的剥削。

这的确称得上是一场积极的"反叛"。劳动者们亲手夺回了对生产的自治管理并捍卫了服务质量。而且,劳动者(托儿所老师)与消费者(家长)的团结一致也使一种更稳定的合作社型自主运营成为可能。

去增长共产主义弥补物质代谢的裂缝

最后,让我们再总结一下马克思晚年在去增长共产主义方面的成就。

马克思晚年主张向重视"使用价值"的生产转型,减少导致创造无用"价值"的生产,缩短劳动时间。应该减少剥夺工人创造力的劳动分工,同时促进生产过程的民主化,让工人对生产进行民主决策,即便决策要花很多时间也没关系。此外还应该提高对社会有用、对环境影响小的基本工作的社会评价。

其结果是经济减速。在资本主义竞争世界中浸泡久了，经济减速确实是个很难让人接受的想法。

但是，无限追求利润最大化和经济增长的资本主义是保护不了全球环境的。不管是人还是自然，都是资本主义的掠夺对象。资本主义只会通过制造人造稀缺性，让更多人陷入贫困。

相反，去增长共产主义虽然带来经济社会的减速，却能在满足人类需求的同时，为应对环境问题提供更大的空间。生产的民主化和经济减速，将弥补人和自然的物质代谢所出现的"裂缝"。

当然，这必须是一个全面性工程，包括电力水力的公共经营、扩大社会所有权、重视基本工作、进行土地改革等等。

这么看来，迄今为止我们看到的诸如工人合作社的兴起和关爱阶层的反叛等案例，都只是些小规模的抵抗。或许的确如此，但世界上还存在着大量对资本主义的抵抗。而这一个个抵抗，正在从点扩散到面。

特别是在那些被全球资本主义耗尽的城市中，人们从痛苦中开始摸索，涌起了寻求新经济的浪潮。这些运动现在正在推动世界各地的城市甚至是国家政治的改变。

这些抵抗运动并非必然提倡去增长，也不是有意识地以共产主义为目标。但是，隐藏着去增长共产主义萌芽的运动在不断扩大。这是因为，在"人类世"这一环境危机的时代，试图对抗资本主义、创造一个与现在完全不同的社会的运动，必然会走向去增长共产主义。

Buen Vivir（美好生活）

这种可能性也体现在"美好生活"（Buen Vivir）这一概念的普及中。这个词直译为"好好活着"，最初是一个厄瓜多尔土著语的西班牙语翻译。2008年厄瓜多尔在修订宪法时，采用了这一用语，明确规定国家有义务保证其公民实现"美好生活"。

这个词在南美早已广为流传，现在欧美的左派人士也开始使用。不仅仅追求西方式的经济发展，也要多多学习原住民的智慧——这种价值观的重建，已经扩散到了世界各地。其中之一，就是在日本也很有名的不丹的国民幸福指数（GNH）。

在美国立岩保护区（Standing Rock）反对建设输油管道的活动中，为了保护神圣水源，原住民和白人联合起来开展大规模抗议活动。曾参与这一运动的记者娜奥米·克莱恩现在已经明确呼吁超越资本主义。

她当时的发言中，有一句特别值得注意。她说："必须伴随着一种谦逊的态度，寻求从原住民的教诲中学习对后代的义务和与一切生命的相互联系。"[1] 她也接受了去增长的立场。

现在出现了一个新运动，即以气候危机为契机，改变欧洲中心主义，向全球南方学习。是的，正如马克思在晚年所希望的那样。

---

[1] Naomi Klein, *On Fire: The [Burning] Case for a Green New Deal* (New York: Simon & Schuster, 2019), 251.

而这种共产主义的萌芽,将随着气候危机的加深而变得更加生机勃勃,有可能开出一朵"21世纪环境革命"之花。

我想在最后一章介绍一下这个萌芽。

第八章
气候正义"杠杆"

透过马克思的"镜片"解读实践

去增长共产主义的种子正在全世界发芽。在本书的最后,我们将通过晚年马克思的"镜片"来看看一些城市的革命性尝试。通过本书挖掘出的马克思主义新视角,我们很容易看到这些运动和实践在哪些方面需要做进一步的发展。感谢晚年的马克思,让我们可以看到一个不同的世界。而这就是理论的作用所在。

但理论家也会从第一线的苦难和抵抗的尝试中学习。正是马克思对全球南方的关注,使他完全放弃了进步主义历史观,接受了去增长的观点。这种严肃的审视极大地改变了他的价值观。如果马克思仍然固守欧洲中心主义,他就不可能达到晚年的认识水平。

马克思晚年的这种向全球南方学习的态度,在21世纪变得越来越重要。这是因为就如第一章中所显示的,资本主义造成的环境危机,由于转嫁和外部化,其矛盾在全球南方正愈演愈烈。

不是回归自然,而是创造新的合理性

为了避免误解,我再重复一遍,马克思在晚年的观点并不是要我们放弃城市生活和技术,回到农业共同体社会。那早已不可能。也没有必要将那种生活理想化。很明显,那种生活中也存在许多问题。但同时,城市也好技术发展也罢,都有很多令人赞赏的地方,当然没有必要完全否认它们的合理性。

但是,城市的现状肯定是有问题的,需要加以纠正。共同体的互助已经被彻底瓦解了,而浪费大量能源和资源的生活也是不可持续的。换句话说,城市化已经走过头了。

最终城市占据了二氧化碳排放量的 70% 左右。因此,如果要对抗气候危机并恢复互助,就必须改变城市生活。即便逃离城市,蜷缩在深山老林之中,如果最终整个地球都被"滔天洪水"吞没了的话,也无人能得以幸免。

换句话说,我们所需要做的是对城市这一资本所创造的空间进行批判,并创造城市新的合理性。

幸运的是,兼顾合理与生态的城市改革运动正在地方政府中悄然兴起。其中,最吸引全世界目光的是高举"无畏的城市"(Fearless Cities)旗帜的西班牙巴塞罗那市以及与它并肩作战的各国地方政府。

在最后一章，我想站在马克思的晚年视角，来评价一下巴塞罗那的实验。巴塞罗那的革命性意义，也将由此浮出水面。

"无畏的城市"巴塞罗那的《气候紧急状态宣言》

"无畏的城市"是指反对国家强加的新自由主义政策的革新性地方自治体。这样的城市不惧怕国家或跨国公司，只为其居民而采取行动。

有各式各样的城市政党、民间组织加入了"无畏的城市"网络，例如限制 Airbnb 营业天数的阿姆斯特丹和巴黎、禁止跨国公司的产品涉足学校午餐领域的格勒诺布尔[1]等。仅仅靠一个城市的尝试，并不能改变全球化的资本主义。但是世界各地的城市、市民们正在互相合作，交流知识，试图创造一个新社会。

其中，第一个举起"无畏的城市"旗帜的巴塞罗那市采取了一系列富有雄心的举措。这种革新性立场也体现在 2020 年 1 月巴塞罗那所发表的《气候紧急状态宣言》中。

这一宣言，并不是简单吆喝两句"阻止气候变化"就结束了。宣言里清楚写着到 2050 年要实现脱碳（二氧化碳排放量为零）这一目标数值，更有几十页的相关分析和具体行动计划。虽说巴塞罗那是个大城市，但它并不是首都，令人惊讶的是，作为地方政府居然有这么高的政策制

---

[1] 格勒诺布尔，法国东南部城市，伊泽尔省首府。在阿尔卑斯山区，罗讷河支流伊泽尔河畔。——译者

定能力。其次，宣言并非地方政府的公务员所撰写，也不是由智库所提供。它是市民集体努力的结果。

这一行动计划中，包含240多个全面且具体的项目。有城市公共空间的绿化，电力和食品的本地生产和消费，扩大公共交通，限制汽车、飞机和船舶，消除能源贫困以及减少废物并对其加以回收等，这些都是为了减少二氧化碳排放所制订的全面改革计划。

其中不少措施不和跨国企业抗争就无法实现，如取消短途航班、在城市中心地区限制汽车速度（时速不得高于30公里）等，这也展现出了"无畏的城市"的战斗精神。从中我们可以清晰看到的是保护市民生命和环境的意志，而不是经济增长。我们也能看到从"价值"到"使用价值"的转变，也就是上一章所看到的马克思晚年所设想的去增长社会的本质。

事实上，宣言中关于"转变经济模式"的部分有着极为浓重的建立一个去增长社会的色彩。

现有的经济模式是建立在为获得永久的增长与利润而开展的无止境的竞争之上，对自然资源的消费不断增加。这种经济制度不仅威胁着地球的生态平衡，同时显著加剧了经济不平等。毫无疑问，全球环境危机，特别是气候危机的绝大部分原因在于富裕国家，尤其是最富裕阶层的过度消费。[1]

---

[1] *This is not a Drill: Climate Emergency Declaration*, 19: https://www.barcelona.cat/emergenciaclimatica/sites/default/files/2020-01/Climate_Emergency_Declaration.pdf (last access on 2020.5.22).

宣言以极其严厉的措辞强烈批判了资本主义下无休止的利润竞争和过度消费造成了气候变化。这种激进的观点从市民中诞生，并获得了市民的支持，最终推动了城市政治。在这一过程中，我们看到了未来的希望。

诞生于社会运动的地区性政党

巴塞罗那所发表的划时代宣言，当然不是一蹴而就的。巴塞罗那的市民经过了长达10年坚持不懈的行动，才走到了这一步。

众所周知，西班牙是欧盟各国中受次贷危机打击最大的国家之一。当时的失业率高达25%，贫困不断扩大，在欧盟强加的紧缩政策下不得不缩小社会保障和公共服务。

雪上加霜的是，巴塞罗那的旅游业发展过度，过度旅游（overtourism）影响到了普通市民的生活。一些房东将本该租给当地居民的房屋转为"民宿"，出租给游客。房租飞涨，许多市民失去了住所。物价也在上涨。新自由主义全球化的矛盾在巴塞罗那爆发。

于是，在2011年时，无法忍受残酷生存环境的一群年轻人开始了被称为"15M运动"的占领广场运动。这场运动在此后仍以不同的形式持续着，其成果之一是诞生了名为"共有巴塞罗那"（英语为Barcelona in Common）的地区紧密型平台型市民政党。

在2015年的地方选举中,这个新成立的政党取得了突破性进展,党的核心人物艾达·科洛(Ada Colau)被推选为市长。她是一名社会活动家,长期从事反贫困运动,尤其是住房权利保障活动。

这位新市长并没有放弃与市民运动的联系,而且建立了一个将草根声音带入城市管理的系统,仔细聆听类似居委会的当地居民团体,以及在水务、能源等"共有财富"领域工作的人们的声音。市政厅向公众开放,市议会成为整合市民意见的平台。在这里,社会运动和政治很好地联系在了一起。

之前所提到的宣言的起草过程也是如此。来自200多个组织的3000多名市民参加了"气候紧急状态委员会",委员会经过讨论后撰写了宣言。而公营能源企业(Barcelona Energia)、公共住房管理部门的工作人员也参加了研讨会。

可以说,这份宣言是由来自社会生产第一线的不同领域的专家、工人和其他市民共同书写而成。宣言本身就是一个多种多样的市民参与型项目,否则就不可能提出如此具体的改革方案。正如马克思所说,生产领域孕育着社会变革的智慧。

应对气候变化的横向团结

当然,在巴塞罗那,围绕着水、电、住房等问题,至今已经开展了许多社会运动和项目。但正是气候变化问题,把针对单个议题（single issue）——比如要求自来水厂公共经营——分别展开的运动串联到了一起。把应对气候变化的视角加入单个议题的改革中,于是就产生了超越个别议题的横向团结。

例如,电费的增加将对贫困家庭造成严重影响。另一方面,改用当地生产当地消费的公营可再生能源,就能激活当地经济,收益又能用于造福当地社区。当然,后者不仅仅可以应对气候变化,还可以应对贫困问题。建造带有太阳能电池板的公共住房,不仅有利于环境,而且还能为居民提供居住的地方,可以抵抗资本所追求的绅士化（Gentrification）[1]。激活当地生产当地消费型新经济,将为该地区创造新的就业机会,缓解年轻人的失业问题。

通过气候变化问题这一媒介,形形色色的运动彼此连接,正在试图实现涉及经济、文化和社会的、更大的系统性变革。其目的不外乎是用"共有财富"的"完全富裕"来取代资本主义生产的人造稀缺性。

通过合作社建立参与型社会

巴塞罗那在政策内容和运动方法上所做的革新性尝试都取得了成功,并得到了市民支持。其秘诀之一就是工人

---

[1] 绅士化（Gentrification）又译中产阶层化或贵族化或缙绅化,指一个旧区从原本聚集低收入者,到重建后地价及租金上升,引来较高收入者迁入,并取代原有低收入者。——译者

合作社的传统。是的,就是马克思称之为"'可能的'共产主义"的工人合作社。

西班牙一直是一个盛产合作社的国度,特别是巴塞罗那作为"社会团结经济"的中心而闻名于世。除了工人合作社之外,还活跃着各种各样的生活合作社、互助会、有机农产品消费团体等。社会团结经济为整个城市创造了53000个就业岗位,占该市总就业的8%,并贡献了该市生产总值的7%。[1]

工人合作社的活动范围非常广泛,在制造业、农业、教育、清洁和住房领域都有项目展开。它们正在通过年轻人的职业教育、对失业者的援助和当地居民的互动等活动,探索一条由地区居民主导的城市建设道路,以抵抗过度旅游和绅士化。

地方政府和合作社之间的联系给两者带来了双赢的结果。地方政府在决定公共采购的对象时把当地利益、公平放在首位,于是合作社也获得了更多的订单。

同时,合作社的声音也传到了市政府,政治和社会运动都得到激活。重视成员们的自主、参与和互助,而不是追求短期利润,促进了生产领域和政治领域的参与型民主。这可以给市民和政治创造出前所未有的动力,并提高两者的能力。

这是从掠夺和剥削的经济模式转向可持续的、强调互助的"参与型社会主义"的第一步。这里就有马克思所说

---

[1] 广田裕之:《加泰罗尼亚地区团结经济的现状——以巴塞罗那市为中心》,集广社官网,https://shukousha.com/column/hirota/4630/ (last access on 2020.7.28)。

的"联合体"。

走向实现气候正义的经济模式

让我们来看看这个雄心勃勃的《气候紧急状态宣言》里最具划时代意义的内容。巴塞罗那宣言强调,必须明确承认发达国家的主要城市对气候变化造成了巨大影响,而实践"气候正义"的第一步就是纠正这一状况。

气候正义(climate justice)在日本可能是一个陌生的词汇,但在欧美,每天都出现在媒体上。虽然造成气候变化的是发达国家的富人,但受害的却是全球南方那些没怎么用过化石燃料的人们和他们的后代。气候正义认为应该解决这种不公正,阻止气候变化。

这份宣言还说,为了能向实现气候正义的经济制度转型,必须听取最容易受到侵害的全球南方的女性的声音。"事实上,因气候危机而被迫移民的人中有 80% 是女性。而她们又是重要的关爱提供者。如果我们要挑战气候紧急状态,就必须改变不可持续的、不公平的经济模式。"

巴塞罗那宣言进一步明确指出,发达国家的大城市有责任先行向一个"没有人被抛弃"的社会转型,重视"协作性关爱劳动"以及与他人、与自然的"友爱关系"。宣言还认为相关费用理应由"最具特权地位人"来承担。[1]

---

[1] *Climate Emergency Declaration*, op. cit., 5.

这正是"关爱阶层的反叛"。

市政自治主义——跨国地方自治主义

最重要的是,巴塞罗那宣言并没有把运动局限于发达国家的一个城市,而是把目光投向了全球南方。它正在创造一种可以挑战资本暴政的国际性团结。

事实上,巴塞罗那所发起的"无畏的城市"网络已经扩展到非洲、南美和亚洲等地,有77个地方参与其中。

"无畏的城市"之所以能够无畏地进行挑战,不仅是因为当地市民之间的互助,还因为城市之间的合作。

比如,对于新自由主义政策盛行时被私有化的公共服务,如供水服务等,如何重新实现其公共经营,在"无畏的城市"网络就可以得到相关知识的共享。私人水务公司往往是巨大的全球性公司,相关谈判非常激烈,有时甚至需要提起诉讼。而从"无畏的城市"的国际性横向合作中所获得的知识是非常有帮助的。

这一相互团结的新型跨国地方政府间网络,其精神被称为"市政自治主义"(municipalist)[1]。与传统的地方政府的封闭性相反,其目的是打造出一种国际性、开放的市政自治主义。

---

[1] 岸本聪子:《自来水厂的再公营化!——日本学习欧洲的水斗争》,集英社新书,2018年,第七章。这一章中市政自治主义的相关内容,很多参考自岸本先生,非常感谢。

向全球南方学习

然而，市政自治主义的尝试并非从一开始就是完美的。兴起于欧洲的市政自治主义，最初反而面临了来自全球南方的批评。批评认为，市政自治主义说到底不就是个发达国家的白人运动吗？

独立于国家的参与型民主和共同管理的尝试原本起源于全球南方，其中最著名的是墨西哥恰帕斯州原住民的萨帕塔抵抗运动。萨帕塔运动开始于1994年，正好是北美自由贸易协定（NAFTA）生效的时候。早在欧洲市政自治主义出现之前，这一运动就已经对新自由主义和全球资本主义说不了。

再举个受害者之间进行国际团结的例子。国际农民组织"农民之路"（Via Campesina，西班牙语），诞生于农产品贸易自由化进程加快的1993年，与萨帕塔抵抗运动几乎同时开始。这一运动在拉丁美洲拥有最多的参与团体，发出了来自全球南方的声音。将农业收回到自己手中，自主管理，是生存下去的必然要求。这一要求被称为"粮食主权"。

"农民之路"的参与者中有许多中小农户，他们致力于传统农业和生态农业，对环境的影响自然不大。在它成立的20世纪90年代正是冷战结束后二氧化碳排放量急剧上升的时代，而在全球南方，也正是萨帕塔抵抗运动、农民之路这样的新型抵抗运动积极展开的时代。

全球南方批评在全球资本主义持续破坏环境的这个时代，发达国家一直在睡大觉。而全球南方所做的这种努力，其先驱性不应该得到正当评价吗？不应该向其虚心学习吗？[1] 说起来，又有多少日本人知道"农民之路"呢？这可是个全世界 2 亿多农业从事者参与的运动。

新启蒙运动无能为力

记得这本书是从对"帝国式生活方式"和"生态帝国主义"的批判开始的吗？对全球南方的财富掠夺和环境负担转嫁，才使发达国家的舒适又繁荣的生活成为可能，而这正是需要被批判的。

在发达国家，我们对不公平现象视而不见，也不想知道地球上到底发生了什么，继续做着资本主义的美梦。因为环境负担都被推给了全球南方这一"外部社会"。

正因如此，要实现公平的可持续社会的话，我们必须挑战帝国式生活方式和生态帝国主义。只是改变某一个发达国家的国内消费模式是无法解决问题的。我们需要的是全球性大转变。

但是，仅靠"世界公民"的世界性理念、捍卫启蒙运动的必要性，显然不足以解决对全球南方的掠夺的问题。在残酷的现实面前，抽象的理念只会徒劳无益。

倒不如把目光投向抵抗掠夺的现实实践。这里至关重要的是从中找出能建立国际团结经济的具体机会。

---

[1] *7 Steps to Build a Democratic Economy: The Future is Public Conference Report*, 7: https://www.tni.org/files/publication-downloads/tni_7_steps_to_build_a_democratic_economy_online.pdf (last access on 2020.5.22).

而这正是马克思在晚年的尝试。马克思意识到,在资本主义的外部,也就是今天被称为全球南方的地方,资本主义的残暴性暴露无遗。

正因如此,马克思在晚年积极尝试从俄国的农业公社和印度的反殖民主义运动中吸纳反资本主义运动的可能性,其最终成就就是我们在第四章所看到的去增长共产主义。

同样,今天旨在实现公平、可持续社会的市政自治主义地方政府也在积极尝试向全球南方的抵抗运动学习,以回应相关批评,而其中的关键就是"气候正义"和"粮食主权"运动。

夺回粮食主权

先让我们深入挖掘一下粮食主权问题。

不用说,人类需要食物才能生存。所以,粮食应该是"共有财富"。然而,资本主义的农业公司(agribusiness)却在把全球南方所收获的农产品出口到发达国家。所以,哪怕是农业发达的农产品净出口国,国内仍有大量穷人在挨饿。

为了装点发达国家的餐桌,优先生产的是昂贵的出口产品,而不是那些实际从事农业生产的农民们生存所必需的廉价粮食。再加上跨国企业通过专利垄断了种子、化肥和农药的相关权利和信息等,使得农民的经济负担更加沉重。

蔑视"使用价值",生产只是为了作为商品的"价值"

而进行——资本主义的矛盾在全球南方就以这样极为残酷的形式呈现了出来。

例如，南非的种族隔离制度是源于英国殖民统治的扭曲制度。它的负面遗产是20%的大农场主，而且主要是白人，创造了南非80%的农业产出。尽管南非是非洲最大的农业出口国之一，饥饿率却高达26%。[1] 在种族隔离制度下，分配给非白人小规模农户的是贫瘠、远离水源的土地，他们连自给自足都难以做到。南非是代表新兴经济体的金砖国家之一，甚至举办过足球世界杯。而这个国家的真实情况居然是这样的。

为了反抗这一现状，市民们在2015年发起了一场"南非粮食主权运动"（South African Food Sovereignty Campaign）。[2] 参与者是小规模农场主和农民、NGO和社会活动家等。他们为促进草根农业合作社而创建了一个平台。之所以会出现这种抗争，是因为国家领导的、自上而下的农业公司并没有给人们带来富裕生活。

他们试图解决的问题是，许多贫困农民没有可以从事可持续农业所需的知识和资金。土地上连灌溉设施都没有，又没有知识，不管做什么农业尝试，很快就会失败。然后不得不借钱去购买化肥、农药，最终被农业公司所吞噬。

因此，"南非粮食主权运动"的展开形式是由农民们亲

---

[1] Andrew Bennie, "Locking in Commercial Farming: Challenges for Food Sovereignty and the Solidarity Economy", in Vishwas Satgar (ed.), *Co-Operatives in South Africa: Advancing Solidarity Economy Pathways from Below* (Pietermaritzburg: University of KwaZulu-Natal Press, 2019), 216.

[2] SAFSC官网：https://www.safsc.org.za/ (last access on 2020.5.22)。

手建立自己的合作社，然后由当地NGO借给他们必要的农具等，并进行有机栽培的相关教育。为了重新获得被资本垄断的技能，他们细致地展开了马克思所重视的职业培训。

这样做的目的是鼓励可持续的有机农业，农民们可以收集和管理自家种子，而不需要依赖转基因作物和化学肥料。这正是夺回"共有财富"的尝试。

从全球南方到世界

当然，"农民之路"和"南非粮食主权运动"都认识到仅靠粮食主权运动远远不够，因为当前所面临着的是更大的问题，那就是本书的主题——气候变化。

事实上，南非的农业受到了气候变化的威胁。在开普敦，严重缺水反复发生。预计在未来，干旱的风险将急剧上升。而干旱导致的高粮价又将严重破坏人们的生活。

因此，我们不能仅仅致力于使农业成为可持续的、稳定的工作。如果地球环境变得不可耕作，那就什么都没了。要把争取粮食主权运动与争取气候正义运动联系起来，这样的话，就能把地方的运动与全世界的运动联系起来。

为了更好说明这一演变，我来介绍一下针对南非当地萨索尔公司（SASOL）的抗议活动。

挑战帝国式生产方式

总部设在约翰内斯堡的萨索尔公司是一家资源类企

业，经营煤炭、石油和天然气等业务。萨索尔公司每年的二氧化碳排放量约为6700万吨，超过葡萄牙全国的排放量。当然，萨索尔公司所造成的空气污染也非常严重。

为什么它的二氧化碳排放量会这么高？其中一个原因是它用煤提炼人造油来替代石油。南非在种族隔离时代受到了石油禁运的制裁。萨索尔公司当时还是一家国有企业，使用纳粹德国时期所推广的费托合成工艺（Fischer-Tropsch process）来提炼人造石油。

但是，即便今天南非已经可以进口石油，使用这种方法的项目仍在继续，这也再次引起了关注。因为石油资源开始枯竭，但世界上还有非常丰富的煤炭，可以提炼石油替代品的萨索尔公司的技术因此再次受到了关注。但是，据说使用煤炭制成的合成燃料，产生的温室气体排放量几乎是石油的两倍。就气候危机而言，这是一种致命的转嫁技术。

因此，南非的环保人士自然要求萨索尔公司停止这种给环境造成极大负担的业务。有意思的是他们所采用的运动方式。南非粮食主权运动的核心成员之一维什·萨特加（Vish Satghar）并没有把它作为南非一国的问题，而是诉诸和国际性运动的联动。他们所使用的口号是"我们不能呼吸！"（We Can't Breathe！）。

萨特加们关注的是萨索尔公司在美国路易斯安那州查尔斯湖所投资的石油化工行业。这个项目自然会在美国造成大量的二氧化碳排放。

萨特加指出担心气候变化的美国人同样面临着怎么让萨索尔公司停业的问题。于是向"日出运动"（Sunrise

Movement）、"未来星期五"（Friday for Future）和"黑人的命也是命"（Black Lives Matter）等美国的社会运动发出呼吁，希望可以团结合作。

不，准确地说，这不仅仅是呼吁国际社会团结起来以减少碳排放。这是全球南方向发达国家发出的，要求对德国纳粹、英国在南非实行的种族隔离制度和美国的石油产业等帝国主义历史进行反思，与资本主义的负面遗产彻底决裂的呼声。换句话说，这是呼吁全球团结来挑战帝国式生产方式。

这可以从环境运动的口号"我们不能呼吸！"中看出。它与"黑人的命也是命"的口号"我不能呼吸了！"（I Can't Breathe！）一脉相承。"我不能呼吸了！"是2014年被警察锁喉致死的纽约黑人埃里克·加纳（Eric Garner）在生前的最后一句话。

南非的环境运动谴责当地每天重复发生着类似的暴力行为，更把源于奴隶贸易的帝国主义和种族主义问题与气候变化问题联系起来，将其延伸到了气候正义的范畴之中。

人权、气候、性别和资本主义。一切问题都相互关联。

这样的呼吁不仅来自南非。世界各地的各种不同的运动都在发出同样的呼吁，只是我们没有意识到，或者即使意识到了，也都选择了忽略。但如果我们不响应这一呼吁，就永远无法实现气候正义。

马克思在晚年批评英国在爱尔兰的殖民统治时，曾说过英格兰的工人阶级必须与被压迫的爱尔兰人民团结起来。他断言革命的"杠杆"一定要放在爱尔兰，因为除非爱尔兰得到解放，否则英国的工人阶级将永远得不到解放。[1]

同样的，在我们这个时代，全球南方正是革命的"杠杆"所在。那么，大联合到底有没有实现的可能呢？

气候正义这一"杠杆"

事实上，在本章开头所看到的巴塞罗那的《气候紧急状态宣言》，就是回应全球南方呼吁的一种尝试。更有意思的是，对呼吁的回应行为还迫使人们真正转向了"去增长"经济。

就像前文所指出的，巴塞罗那的《气候紧急状态宣言》表明发达国家的二氧化碳排放所引起的气候变化使发展中国家的社会弱势群体遭受了巨大损害，而这是不公平的。然后，它明确指出了发达国家的大城市负有的责任，提出要实现包括本国公民在内"没有人被抛下"的真正意义上的气候正义。

就像马克思从非西欧、前资本主义社会中吸纳了"去增长"理念那样，巴塞罗那从全球南方吸纳了气候正义的理念，这才有了那份革命性的《气候紧急状态宣言》。可以说，巴塞罗那正在把气候正义用作革命的"杠杆"。

为什么气候正义如此重要？我想提醒大家回想一下第二章和第五章的讨论。托马斯·弗里德曼、杰里米·里夫

---

[1] 日版《全集》，第32卷，第336页。

金和阿龙·巴斯塔尼也呼吁向可持续经济转型，但如果依然把经济增长放在首位的话，最终只会变成加强对边缘地区的掠夺。

他们的根本性欠缺在于没有全球南方的视角。不，更准确地说，是向全球南方学习的态度。

看上去发达国家迄今为止都兼顾到了经济发展和环境问题，而且未来也能够这样持续下去。然而，正如我们在第一章中所看到的，这实际上只是把各种问题转嫁到了全球南方，使其隐形不见了而已。因此，就算想在全球南方用与发达国家相同的方式兼顾经济和环境，也是行不通的。因为已经没有地方可以转嫁问题了。当代的气候危机就是一个鲜明的例子，展示了这种外部化社会的最终极限所在。

我们可以像弗里德曼、巴斯塔尼那样，对这场危机视而不见，吹捧脱钩和资本主义的去物质化转向可以解决一切。但我们也可以认真对待气候正义概念，看向全球南方，从那里的努力中学些什么。然后，我们就能开始思考，要创造一个公平的可持续社会到底需要做些什么。

巴塞罗那的目标是去增长

当然，巴塞罗那也提倡大胆的基础设施改革，如引进太阳能、电动公交车等。这需要通过反紧缩政策来进行财政刺激。但站在气候正义的立场，这一重大改革决不能以牺牲全球南方的民众以及自然环境为代价。为了避免这种牺牲，就需要终结资本主义的经济增长。

这就是为什么巴塞罗那宣言没有呼吁"绿色经济增长"，反而明确批评"为获得永久的增长与利润而开展的无止境的竞争"。

总之，弗里德曼等人的"绿色新政"和巴塞罗那的《气候紧急状态宣言》之间的区别，说到底就是"经济增长"和"去增长"之间的区别。只有采取向全球南方学习的态度，我们才能看到一个与以往完全不同的、可持续的未来社会。

巴塞罗那的做法不正和马克思晚年一样吗？向全球南方学习，就有可能开辟出新的国际联合。摒弃追求经济增长的生产力至上主义，那么重视"使用价值"的未来画卷就会展现在我们眼前。

传统左派的问题

与巴塞罗那所追求的气候正义一比较，明显可以看出传统马克思主义仍旧沉溺于增长逻辑之中的问题。社会主义试图消灭剥削。但它所试图建立的是将资本主义所实现的物质富裕用于本国工人阶级的社会。

这样的未来社会，与现在的社会没有多大区别，只是没有资本家而已。事实上，在苏联，官僚们试图管理国有企业，其结果却类似我们所说的"国家资本主义"。

这使得传统马克思主义在面对"人类世"危机时无法提出真正的激进方案。因此，就算资本主义的矛盾已经深化到如此程度，颓势仍无法扭转。

左派当下努力对抗的新自由主义确实对工人的剥削更加残酷。尤其是这种新自由主义中的紧缩政策是通过削减社会保障支出、增加非正规就业来降低工资，通过私有化来拆解公共服务，这降低了我们的生活质量。

但是，举起让财富回到工人手里的反紧缩大旗，要求国家进行更多的公共投资和财富再分配，就够了吗？这当然能让我们渡过长期停滞，让经济状况得到改善，比现在确实是好点。

但仅靠反紧缩，并不能阻止对自然的掠夺。光靠经济，也不可能解决"人类世"的危机。

为了"完全富裕"

现有的左派思想中还有一个问题。反紧缩派认为正是新自由主义的紧缩政策造成了稀缺性。如果他们是对的，那么通过财政刺激更多的生产，实现进一步的积累和经济增长，这样是可以带来富裕的。但这是一种对资本主义友好的思维方式。换句话说，表面上看左派的方案是革命性的，实际上却是试图维持社会基本结构"一如既往"的保守思想。

而这种程度的改革是不够的。因为造成稀缺性的不是新自由主义，而是资本主义。因此，在气候危机时代，我们需要更进一步。不是改变政策，而是改变整个社会体系。脱离资本主义，实现去增长来获得"完全富裕"，这正是马克思在晚年给出的真正方案。

告别拖延政治

这就是为什么本书一边关注"共有财富",一边考察了在生产领域进行变革的可能性。本书批判仅仅依靠政策、法律和制度变革推动社会变革的路线,这是自上而下的"政治主义"。本书还认为,政治并不决定经济,反而受制于经济(见第五章"政治主义的代价——选举改变社会?"一节)。

需要特别强调一下,自上而下型政治主义存在一个大问题,那就是目前可供选择的政治选项被大大缩小了。通过本书可以看到,无论是试图实现"绿色经济增长"的绿色新政,还是像地球工程这样的梦幻技术,或者像 MMT 这样的经济政策,看上去都在要求面对危机要进行打破常识的大转变,可实际上都在拼命维护资本主义这一危机的根源所在。终极矛盾就在于此。

这种政治可以做到的也就是拖延问题的解决。但以今天的地球环境,这种赚取时间的做法恰恰会成为致命伤。最大的危险是,人们被装腔作势的虚假对策安抚住了,不再认真思考危机。出于同样的原因,也必须批评联合国的 SDGs。我们不需要不彻底的解决方案,需要的是对石油巨头、大银行以及 GAFA 等数字基础设施实现社会所有。总之,我们需要转向革命性共产主义。

但是,在这里谴责政治家也没用。因为即便采取了气候变化对策，全球南方的人们和未来的孩子们也不会为此投票给他们。比下一次选举更遥远的问题，超出了政治家们的思考能力范围。而大企业的政治捐款、游说，也阻碍了政治家做出大胆的决策。因此，要应对气候危机，就必须更新民主制度本身。

经济、政治和环境三位一体的改革

对于民主制度的改革从未像现在这样重要。这是因为要解决气候变化问题，必须使用国家权力。

本书认为"共有财富"才是共产主义的基础，而这种"共有财富"是对生产资料的横向共同管理，而非私人所有或国家所有。但这并不意味着拒绝国家权力。想想基础设施建设、产业转型的必要性，只有蠢人才会拒绝将国家当做一种解决手段。拒绝国家的无政府主义是无法应对气候危机的。但是过于依赖国家，又有可能陷入气候权威主义。所以，共产主义是唯一的选项。

在这样做的时候，为避免陷入专家和政治家们建构的自上而下的治理形式，必须培育公民参与的主体性，让公民的意见反映到国家层面，并将这一流程制度化。

为此，需要在保留国家权力的前提下，通过扩大"共有财富"的范围，将民主制度扩展到议会之外，扩展到生产领域。合作社、社会所有制和"'市民'营化"就是这方面的例子（见第六章）。

同时，议会民主制本身也必须经历一次重大变革。正如我们已经看到的，在地方政府层面，市政自治主义就是这样一种尝试（见第本章"市政自治主义——跨国地方自治主义"一节）。而在国家层面，"公民大会"则是另一种模式（见第五章"通过公民大会更新民主制度"一节）。

生产的"共有财富"化、市政自治主义、公民大会。扩大公民主体性参与的民主制度，我们就能围绕希望生活在什么样的社会中这一议题展开更为根本性的探讨。换句话说，我们应该能够以开放的形式从头开始探讨劳动的意义、生活的意义、自由和平等的意义等。

从根本上重新思考意义，颠覆现在被视为"常识"的东西——这么做的瞬间，超越现有框架的真正"政治"就会跃然出现。那才是"超越资本主义""更新民主制度"和"社会脱碳化"的三位一体工程。经济、政治和环境，三者的协同作用进一步放大，将迫使社会系统发生重大转变。

向公平的可持续社会的飞跃

而这个大工程的基础是信任和互助。因为在一个没有信任和互助的社会，只会出现不民主的、自上而下的解决方案。

然而，我们生活在一个新自由主义彻底瓦解了互助和对他人信任的时代。那么，最终，唯一的出路就是在与社区和地方政府的面对面关系上恢复彼此的信任。

有些人可能会焦虑，觉得这种脚踏实地的工作已经来不及了，可这之中确实蕴含着这样的希望。看上去只是地方性的社区、地方政府、社会运动，实际上已经与全世界的伙伴联系在了一起。为了对抗现代的全球资本主义，各种地方性运动已经开始构建与世界各地的运动之间的联系。正如"农民之路"发出的信号："为了希望的全球化，让我们把斗争全球化。"[1]

而这种以国际联合对抗资本的经验会给人们更多的力量，改变人们的价值观。人们的想象力被拓宽，能够以从未想过的方式思考和行动。

从巴塞罗那的市政府和法国公民大会这些案例中就能看出，如果社区、社会运动的动作越来越大，政治家就不会害怕走向更大的变革。

这样就促进了社会运动和政治之间的相互作用。唯有此时，自下而上的社会运动和自上而下的政党政治才能够最大限度地发挥彼此的优势，也就有可能开辟一种与"政治主义"截然不同的民主主义。

走到这一步，我们终将告别虚假的无限经济增长，实现向公平的可持续社会的飞跃。紧紧关闭的大门又将打开。

当然，这一大飞跃的落点，正是基于互助和自治的去增长共产主义。

---

[1] 《赤旗新闻》：《国际农民组织 Via Campesina 是什么?》，2008 年 7 月 17 日。见 http://www.jcp.or.jp/akahata/aik07/2008-07-17/ftp20080717faq12_01_0.html (last access on 2020.5.22)。

结　语
为了历史不终结

马克思和去增长,你认真的吗?我开始写这本书时,就做好了接受各方飞来的批评的心理准备。

在左派的常识里,马克思从来没有主张过去增长。右派则会嘲笑说还想重蹈苏联失败的覆辙啊。而自由主义者之中对"去增长"一词的反感也是根深蒂固。

可我不能不写这本书。因为我在最新的马克思研究成果上分析气候危机和资本主义之间关系的过程中,非常确信马克思的晚年成果就是去增长共产主义,而这正是克服"人类世"危机的最佳途径。

如果你把这本书读完了,应该已经接受了"去增长共产主义"是人类克服环境危机和实现"公平的可持续社会"的唯一选项这一观点吧。

正如本书前半部分详细讨论的那样,无论是 SDGs,还是绿色新政,或者地球工程,都不能阻止气候变化。追求"绿色经济增长"的气候凯恩斯主义只会导致"帝国式生活方式"和"生态帝国主义"的进一步渗透,最终进一步扩大不平等,加剧全球环境危机。

如果仍保留资本主义这一根源,我们就不可能解决资本主义所造成的问题。为了找到解决方案,就需要彻底批判资本主义本身,因为它是气候变化的原因。

此外,正是创造稀缺性以获取利润的资本主义将贫穷带入了我们的生活。去增长共产主义重建被资本主义瓦解的"共有财富",能让我们活得更像个人,更加富裕。

如果仍然试图给资本主义续命,那么在气候危机所带来的混乱中,社会注定会回到野蛮状态。在冷战结束伊始,弗朗西斯·福山(Francis Fukuyama)提出了"历史的终结",后现代主义则宣称"大叙事"已经过时。然而,经过此后30年逐渐清晰的事实却是,将资本主义等闲视之的犬儒主义的尽头是表现为"文明的终结"的、完全出人意料的"历史的终结"。所以,我们必须团结一致,为资本踩下急刹车,开启去增长共产主义。

话虽如此,我们已经在资本主义的生活中沉浸了太久,对它早已完全习惯。所以有很多读者即便总体上同意本书的观点和内容,但面对体系变革这样的巨大挑战时,仍可能会一筹莫展。

反抗资本主义和掌握资本主义的那 1% 的超级富豪,当然不是买个环保袋或到店带个自带杯那么简单的事情。这必定是一场艰难的"战斗"。或许有人会犹豫不决,认为不可能动员 99% 的人去执行一个不知道是否会成功的计划。

"3.5%"，你能猜到这是什么数据吗？根据哈佛大学政治学家艾丽卡·切诺维斯（Erica Chenoweth）的研究，如果有"3.5%"的人以非暴力的方式真正站了起来，社会将发生巨大的变化。[1]

举两个由"3.5%"的非暴力公民进行抗争带来社会巨变的例子。菲律宾的"人民力量革命"推翻了马科斯（Ferdinand Marcos）独裁政权（1986年）、格鲁吉亚的"玫瑰革命"迫使爱德华·谢瓦尔德纳泽（Eduard Shevardnadze）总统辞职（2003年）。

而纽约的"占领华尔街"运动、巴塞罗那的静坐示威，都是从一小群人开始的。格雷塔·通贝里的学校罢课最初"只有一个人"。诞生了"1% vs. 99%"口号的"占领华尔街"运动，正式加入静坐活动的前后大概有几千人。

尽管如此，这些大胆的抗议活动对社会产生了巨大影响。示威活动的参与者可以达到数万至数十万人，视频在社交媒体上被传播数十万至数百万次。这会变成选举中的数百万张选票。而这就是变革的途径。

这么看来，召集3.5%真心关注资本主义和气候变化问题、热心留下评论的人，好像也不是做不到，对吧？不，在日本会有更多愤怒于资本主义的不平等和对环境的破坏，具备为后代和全球南方而战的想象力，可以一同战斗

---

[1] Erica Chenoweth and Maria J. Stephan, *Why Civil Resistance Works: The Strategic Logic of Nonviolent Conflict* (New York: Columbia University Press, 2012). 总结则参考 David Robson, "The '3.5% rule': How a small minority can change the world", BBC: https://www.bbc.com/future/article/20190513-it-only-takes-35-of-people-to-change-the-world (last access on 2020.5.24)。切诺维斯等人的工作对"反抗灭绝"运动产生了直接影响。

的人。这一点都不奇怪。而这些人将以无畏的决心，率先采取行动，连那些因各种原因至今不能行动的人的份也代劳了。

工人合作社、学校罢课、有机农业，这些都好。成为一名地方议员也行。为环境 NGO 工作同样重要。和朋友一起创办一家民间电力公司也是一个办法。当然，要求所在的企业采取严格的环保措施，也是很重要的一步。要想缩短劳动时间、实现生产民主化，工会是唯一一途径。

然后，我们还应该开展运动，收集集体签名，要求发布《气候紧急状态宣言》，让富人买单。通过这种方式，就可以发展我们的互助网络，并让它更加坚韧。

有很多事情可以立即做，也有很多事情必须立即做。所以，不能以推动系统变革的任务过于庞大为借口而什么都不做。对 3.5% 而言，每一个人的参与都至关重要。

由于我们至今的漠不关心，让 1% 的富人和精英们可以随心所欲地改变规则，根据自己的价值观安排社会结构和利害关系。

现在，是时候明确说"不"了。放下犬儒主义，让他们看看 99% 的力量。3.5% 们，从这一刻起开始行动是一切的关键。在这场运动大浪滔天之时，必然能限制住资本的力量，更新民主制度，实现脱碳社会。

在本书的开头，曾解释过"人类世"是一个地球被资本主义创造的人工制品所覆盖，也就是被负担和矛盾所覆盖的时代。然而，在资本主义正在摧毁地球这一层意义上，将当前的时代称为"资本世"，或许比"人类世"更加正确。

但是，如果人们能够集中力量，团结一致，保护唯一的家园地球免于资本的专制，到那个时候，或许可以把那个新时代冠以积极意义的"人类世"之名。本书名为《人类世的"资本论"》，就是为走向那样的未来找到一丝希望而对资本进行了彻底剖析。

当然，这个未来取决于读完这本书的你。取决于你是否决意成为那 3.5% 中的一员。

说　明

本书部分日语文献和译著的引文，表述、记号已由作者酌情修改。

引文中（）内文字是作者的补充。

引用的马克思相关日语版译著，使用了略称、卷数和页数。

日版《全集》，即《马克思恩格斯全集》，大内兵卫、细川家嘉六监译，大月书店。

日版《资本论草稿集》，即《马克思资本论草稿集》，资本论草稿集翻译委员会译，大月书店。

日版《资本论》，即《资本论》，资本论翻译委员会译，新日本出版公司。

本书受JSPS科研费青年研究《对环境危机时代的去增长和绿色新政的批判性统合》（20K13466）以及韩国研究财团NRF-2018S1A3A2075204的赞助支持，作为其成果出版。

HITOSHINSEI NO "SHIHONRON" by Kohei Saito
Copyright © Kohei Saito 2020
All rights reserved.
First published in Japan in 2020 by SHUEISHA Inc., Tokyo.

This Simplified Chinese edition published by arrangement with
SHUEISHA Inc., Tokyo in care of Tuttle-Mori Agency, Inc., Tokyo

图字:09-2022-155号

图书在版编目(CIP)数据

人类世的"资本论"/(日)斋藤幸平著;王盈译
.—上海:上海译文出版社,2023.5
(译文坐标)
ISBN 978-7-5327-9252-8

Ⅰ.①人… Ⅱ.①斋…②王… Ⅲ.①马克思主义-生态经济学-研究 Ⅳ.①F062.2

中国国家版本馆 CIP 数据核字(2023)第 079061 号

人类世的"资本论"
[日]斋藤幸平 著 王 盈 译
责任编辑/张吉人 薛 倩 内文版式/张擎天 封面设计/赤 祥

上海译文出版社有限公司出版、发行
网址:www.yiwen.com.cn
201101 上海市闵行区号景路 159 弄 B 座
启东市人民印刷有限公司印刷

开本 787×1092 1/32 印张 8.5 插页 4 字数 140,000
2023 年 6 月第 1 版 2023 年 6 月第 1 次印刷
印数:00,001—12,000 册

ISBN 978-7-5327-9252-8/F・237
定价:45.00 元

本书中文简体字专有出版权归本社独家所有,非经本社同意不得转载、摘编或复制
如有质量问题,请与承印厂质量科联系。T:0513-83349365

译文坐标

001

《买房让日本人幸福了吗？》

作者：[日] 榊淳司　　译者：木兰

定价：38 元　　出版时间：2022 年 7 月

公寓楼房这一钢筋混凝土结构住宅真正开始进入日本人生活是在约六十年前，而今已成为大都市的主流住宅形态。然而，随着住户的高龄化与建筑物的老朽化，越来越多的问题开始出现，甚至在你还清房贷之前它就有可能沦为废墟。此外，周而复始的房产泡沫、郊外新建公寓十年后折价一半、高层建筑的安全隐患、缺少业委会民主监督导致物业管理者肆意侵占房屋维修基金……住房如何才能使人幸福？从业三十年的日本资深房产顾问为你解读这些鲜为人知的问题，揭开房产中介绝不愿意透露的行业机密。

002

《医疗再生——日美现场报道》

作者：[日] 大木隆生　　译者：谭甜甜

定价：36 元　　出版时间：2022 年 7 月

这是一个颠覆"白色巨塔"的热血外科医生故事。

他孤身赴美，从无薪的实习医生成为年薪过亿的明星医生。

为寻回诊治同胞的心动感，他放弃高薪回国，接手了陷入绝境的母校医院外科，并在短短几年间，将日本的血管外科提升到国际先进水平。

日美医疗体系对比、医务人员过劳现状、医疗事故调查制度……"拯救医患关系"的改革从何而生？在本书中，你将倾听到世界级名医大木隆生从手术室现场发出的声音。

003
《"废除文科学部"的冲击》

作者：[日]吉见俊哉　　译者：王京、史歌

定价：38 元　　出版时间：2022 年 7 月

2015 年，日本国内传出文部科学省要"废除大学文科学部"的消息，一石激起千层浪，引发了社会震荡。尽管最终证明只是虚惊一场，但也让不少有识之士重新审视了日本社会长期以来重理轻文的问题，其中影响力最大的莫过于前东京大学副校长、著名社会学家吉见俊哉的这部著作。

大学只是用来培养精致的利己主义者的地方吗？18 岁、35 岁、60 岁，人生三次入大学分别能学到什么？在日新月异的未来社会中，什么样的人才不会落伍？……本书将围绕上述问题逐一回答，彻底颠覆"文科无用"的社会"常识"。

004
《吸血企业——吃垮日本的妖怪》

作者：[日]今野晴贵　　译者：王晓夏

定价：38 元　　出版时间：2022 年 7 月

在日本，人们将那些以少到让人无法规划未来的薪资和让私生活崩溃的超时劳动来压榨年轻人，并将他们"用后即弃"的无良公司称为"吸血企业"。其常见特征有：大量录用大量解雇、夸大薪资待遇、正式员工有名无实、战略性地进行职场霸凌、不支付加班费……它们不仅破坏了员工的身心健康与雇佣双方之间的信任，也向社会转嫁了成本，威胁到消费者和市场的安全，影响恶劣深远。要遏制这一现象需要全社会的共同努力。

本书是日本知名的社会学者、劳动关系专家今野晴贵的代表作，曾获 2013 年大佛次郎论坛奖和 2014 年日本劳动社会学会奖励奖。